INHALT

LIEBE LESERINNEN UND LESER,

Verena Hirsch

ich bin damit aufgewachsen, dass Nahrungsmittel sehr wertvoll sind. Egal ob gekauft oder selbst angebaut - Essen wurde in meiner Familie gehegt, gepflegt, zubereitet, gekocht, gebacken und restlos verwertet. (Nachhaltige) Lebensmittel hatten stets eine sehr hohe Priorität.

Doch dieser hohe Stellenwert von Nahrungsmitteln ist in unserer Gesellschaft heute selten geworden. Wir wollen es so einfach, so schnell und vor allem so günstig wie möglich. Und das meine ich ganz ohne Wertung. Aber die Rechnung von günstigem Essen im Überfluss geht am Ende nicht auf.

Vielleicht hast du schon mal gehört, dass vegane Ernährung gut für die Umwelt sein soll, dass viel zu viele Lebensmittel weggeworfen werden und dass Plastik so gut es geht vermieden werden sollte. Vielleicht versuchst du auch schon, mehr pflanzliche Lebensmittel und unverpacktes Gemüse zu kaufen. Vielleicht bist du aber auch verwirrt von all den Empfehlungen und weißt einfach nicht, wo du anfangen sollst. Das verstehe ich nur zu gut.

Genau deshalb habe ich dieses Buch geschrieben. Ich zeige dir, wie du mit einfachen Routinen deine Vorräte besser strukturierst - auch mit wenig Zeit. Wir klären die Gretchenfrage, ob bio besser ist als regional, warum bunte Obstkörbe keine gute Idee sind und wie du mit deinem Tiefkühlgerät ein Profi im Haltbarmachen wirst. Außerdem verrate ich dir, wie Spaghetti vom Vortag als Muffins zum Hingucker des Abendessens werden.

Freue dich auf viele Aha- Momente, auf einfache und schnelle Rezepte sowie auf Tipps rund um die nachhaltige Ernährung. Viel Spaß beim Lesen, Ausprobieren und Fairwerten.

MEINE PERSÖNLICHE GESCHICHTE

Wie aus Scham, vom Bauernhof
zu kommen, Stolz wurde.

DAS BIOBAUERNHOFKIND, DAS VON DER LANDWIRTSCHAFT NICHTS WISSEN WOLLTE

Viele träumen davon, einen Bauernhof mit ganz vielen Tieren zu besitzen – inklusive Dorfromantik, Entschleunigung und naturnahem Alltag. Warum ich von dieser vermeintlichen Idylle weg wollte und wie der Alltag auf einem Hof wirklich aussieht.

Ich bin auf einem Biobauernhof aufgewachsen. Ein einfacher Satz, der mein Leben in vielerlei Hinsicht geprägt hat. Als Kind schämte ich mich für die Landwirtschaft meiner Eltern. Als Teenagerin hat es mich wahnsinnig genervt, auf dem Hof mithelfen zu müssen. Als Studentin fühlte ich mich dann gesellschaftlich aufgestiegen, wenn ich vom Bauernhof meiner Eltern erzählte. Und heute bin ich als Bloggerin über nachhaltige Ernährung einfach nur wahnsinnig stolz darauf, von einem Biobauernhof zu kommen.

WO ALLES BEGANN

Der Bauernhof meiner Eltern ist ein klassischer Familienbetrieb, der von Generation zu Generation weitergegeben wird. Zuletzt musste ihn meine Mama von meinen Großeltern übernehmen. Und mit müssen meine ich müssen. Wäre es nach ihr gegangen, wäre sie Profiturnerin geworden. Aber meine Mama durfte nicht. Das zeigt sehr deutlich, in welchen konservativen und traditionellen Schuhen der Hof im ländlichen Niederbayern damals steckte - einschließlich Mehrgenerationenhaushalt aus Oma, Großtante, meinen Eltern sowie meinen beiden Brüdern und mir. Umgeben von Wald, Wiesen und Feldern ist der Bauernhof Teil eines Zweihundertseelendorfes. Hier gibt es keine Einkaufsmöglichkeiten, keine öffentlichen Verkehrsmittel und keinen Handyempfang. Hallo Dorfidylle, oder hallo nirgendwo. Zutreffendes gerne gedanklich ankreuzen.

AUFWACHSEN AUF DEM BIOHOF - LUST ODER FRUST?

1995, als ich 1 Jahr alt war, beschlossen meine Eltern, den Hof biologisch zu bewirtschaften. Das bedeutet, dass keine Pestizide oder künstliche Düngemittel auf den Feldern ausgebracht werden. Stattdessen erhalten die Ackerflächen mehr Zeit zur Erholung und werden mit Mist oder Gülle gedüngt. Bio heißt auch, dass die Tiere mehr Platz und Auslauf haben und, und, und. Bio bedeutet aber auch mehr Arbeit, vor allem Handarbeit. Und da war die ganze Familie gefragt.
Ob Unkraut jäten, Kartoffeln mit der Hand ernten, Stroh bis unter das Scheunendach schichten oder Holz spalten und in den Schuppen räumen, Arbeit gab es immer genug. Am meisten zu tun gab es im Sommer. Während meine Freundinnen im Freibad Spaß hatten, musste ich helfen, die Ernte einzubringen. In den Sommerurlaub fahren? Fehlanzeige! Urlaub war

Als Kind verschmähte ich auch die Äpfel, die direkt am Hof wachsen. Heute sehe ich sie mit anderen Augen.

sowieso ein Fremdwort und im Sommer erst recht. Das alles frustrierte mich als Kind wahnsinnig.

Vielleicht fragst du dich, warum ich mich als Kind dafür schämte, vom Bauernhof zu kommen. Nun, vor etwa 20 Jahren war der gesellschaftliche Stellenwert der Landwirtschaft wesentlich niedriger als heute. Bio wurde belächelt und als alternativ abgestempelt. »Du Bauer« kennst du bestimmt auch als abwertende Bezeichnung. Kinderspiele wie »Wir schmatzen jetzt alle wie ein Bauer« gingen an einem sensiblen Kind wie mir nicht einfach vorbei. Dazu kam, dass mein Bruder in der Schule damit gehänselt wurde, vom Biohof zu kommen. Selbstverständlich hat ein Bauernhof auch tolle Seiten, aber meist überwiegt die immense Arbeitslast. Trotzdem wird Bäuerinnen und Bauern immer noch nicht die Wertschätzung entgegengebracht, die sie eigentlich verdient hätten.

Meine negativen Erfahrungen führten jedenfalls dazu, dass ich mir stets das Gegenteil wünschte: Stadt statt Dorf, Einfamilienhaus statt Bauernhof, in den Urlaub fahren statt Ferien zu Hause. So stand ziemlich früh mein Plan fest, mit 18 Jahren daheim auszuziehen und nach München zu gehen.

VON DER JURASTUDENTIN ZUR BIOBLOGGERIN

Tschüss Dorfleben, hallo Großstadt! Ich wagte mit meinem Jurastudium erfolgreich einen Neustart in München. Beim Thema Essen blieb jedoch vieles unbewusst beim Alten: Als mir mein Glück schließlich bewusst wurde, gründete ich meinen Blog.

»Wer in der Flasche sitzt, kann das Etikett nicht lesen.« So erging es auch mir. Erst als ich vom Hof wegging, konnte ich erkennen, welches Glück ich hatte.

Gesagt, getan. Nach meinem Abitur zog ich nach München, um Jura zu studieren. Ich wollte mein Leben um 180 Grad drehen, in der Hoffnung, dass es mir besser ginge. Denn seit meiner Jugend begleitete mich eine schwere Depression, die ich neben dem Bauernhof-Flair endlich hinter mir lassen wollte. Und tatsächlich tat mir der Neustart gut. Das Studium machte mir Spaß und ich sog die Großstadt regelrecht in mich auf.

Was mich allerdings - zunächst unbewusst - weiterhin begleitete, waren Biolebensmittel und der wertschätzende Umgang mit Essen. Ich ging auch als Studentin in Bioläden einkaufen, weil mir das Essen einfach besser schmeckte. Statt in der Mensa zu essen oder Pizza zu bestellen, kochte ich meist aus Gewohnheit selbst. Schließlich bekam ich früher auch jeden Tag ein frisch gekochtes Mittagessen von meiner Mama oder Oma.

Mit der Zeit begegneten mir in alltäglichen Gesprächen immer wieder Aussagen wie »Bio ist doch auch nicht besser!«, »In bio ist doch gar nicht bio drin!«, »Bio ist viel zu teuer!«, »Bio wird doch auch gespritzt.« Außerdem tat es mir zunehmend weh, wie viel Essen in meiner WG einfach im Müll landete. Und da fiel es mir plötzlich wie Schuppen von den Augen. In meiner früheren Biobauernhofblase dachte ich, dass alle den Unterschied zwischen bio und nicht bio kennen. Dass alle Wert auf Qualität beim Essen legen und wissen, dass Lebensmittel nicht schlecht werden, wenn das Mindesthaltbarkeitsdatum überschritten ist. Ja, das dachte ich und merkte, dass dem gar nicht so war.
Ich begann zuerst im Kleinen über bio zu sprechen. Ich erzählte Mitstudierenden vom Bauernhof meiner Eltern und was Biolebensmittel wirklich ausmacht.

Ich rettete ehrenamtlich Lebensmittel bei Supermärkten und Bäckereien, die sonst weggeworfen worden wären. Diese verteilte ich in meiner WG und bot meinen Mitbewohnern auch an, übrige Lebensmittel und Essensreste zu verwerten.

Während der Vorbereitung auf mein erstes juristisches Staatsexamen wurde es schließlich mein Hobby, Wissen über Biolandwirtschaft zu verbreiten, Tipps gegen Lebensmittelverschwendung zu geben und saisonale Rezepte mit regionalen Zutaten zu kreieren. Ich gründete meinen Blog allmydeer.com und schrieb dort zum ersten Mal voller Stolz auf der Über-mich-Seite, dass ich auf einem Biobauernhof aufgewachsen bin.

WIE MIR MEIN GLÜCK RICHTIG BEWUSST WURDE

Erst mit Mitte 20 wurde mir dann so richtig bewusst, welch riesiges Glück ich hatte, mit einer solch großen Wertschätzung gegenüber Lebensmitteln aufgewachsen zu sein. Mir wurde klar, dass dieses Glück nicht viele haben. Genau diese Wertschätzung wollte ich weitergeben.

Durch meinen Blog zog es mich schließlich immer weiter weg von den Paragrafen und hin zu journalistischen Texten. Einerseits belastete das Studium meine psychische Gesundheit und andererseits fühlte es sich nicht mehr richtig an. Ich fasste den Mut, es mit dem ersten Staatsexamen gut sein zu lassen, zog nach Hamburg und sammelte dort in einem Verlag redaktionelle Erfahrung. Nachdem ich das Großstadtleben also nochmal voll auskostete, wurde der Drang, wieder in die Heimat zurückzukehren, immer größer. Außerdem wollte ich mich ganz meiner Leidenschaft widmen: mehr Wertschätzung für Lebensmittel schaffen. Gesagt, getan. Ich zog nach Regensburg, unweit vom Hof meiner Eltern entfernt, und machte mich mit allmydeer selbstständig.

Heute veröffentliche ich regelmäßig Artikel auf meinem Blog und schreibe Gastartikel für verschiedene Magazine. Zudem begeistere ich auf meinem Instagram-Account @allmydeer jeden Tag mehr als 20.000 Menschen mit nützlichen Tipps, faszinierenden Tricks und leckeren saisonalen Rezepten. Mit diesem Buch möchte ich nun all mein Wissen kompakt und leicht verständlich zusammenfassen.

Dass ich meinen Blog mittlerweile zu meinem Beruf machen konnte, macht mich jeden Tag aufs Neue glücklich.

Es soll dich unterstützen, mehr über Lebensmittel zu erfahren, sie richtig zu lagern, schnell haltbar zu machen und restlos zu verwerten. Dabei darf natürlich der Spaßfaktor nicht fehlen. Hab mein Buch also am besten immer griffbereit in deiner Küche!

@ALLMYDEER

Der Name allmydeer leitet sich von meinem Nachnamen Hirsch (engl. deer) ab. Der Kunstname steht für alles, was mich ausmacht bzw. was mir wichtig ist.

SO GEHT LEBENSMITTEL-WERTSCHÄTZUNG

Wie wir den Umgang mit Lebensmitteln für uns und die Umwelt ändern können – mit Vielfalt statt Verzicht.

ERNÄHRUNG UND KLIMA HÄNGEN ZUSAMMEN

Bewusst mit Lebensmitteln umzugehen, ist weit mehr als ein netter Zeitvertreib – nämlich notwendig für eine gesunde und nachhaltige Zukunft. Warum unsere aktuellen Ernährungsgewohnheiten schlecht fürs Klima sind und wie wir sie ändern können.

Nachdem ich die Paragrafen also endgültig an den Nagel gehängt hatte, um mich ganz meiner Leidenschaft zu widmen, ploppten plötzlich enorm viele Fragen in meinem Kopf auf: Warum kaufen wir lieber importierte Mangos, anstatt die Äpfel in unserem Garten zu ernten? Warum wollen wir so wenig Geld wie möglich für Lebensmittel ausgeben? Und warum werfen wir sie dann wieder weg, obwohl sie noch gut sind? Warum müssen die Ladentheken auch 5 Minuten vor Ladenschluss noch prall gefüllt sein? Warum, warum, warum ...

Je mehr ich nach Antworten suchte, desto klarer wurde mir, wie wahnsinnig komplex unser Ernährungssystem ist - oder besser gesagt, worin alle seine Fehler liegen. Zusammengefasst könnte man auch sagen: Der Fehler liegt im System. Gurken aus Spanien zu importieren, ist günstiger als sie saisonal und regional in Deutschland anzubauen. Pflanzliche Milchalternativen werden höher besteuert als Kuhmilch. Essen wegzuwerfen, lohnt sich für Supermärkte oft finanziell mehr als es zu spenden. Klingt für dich absolut nicht logisch? Dann sind wir schon mal zu zweit. Lass uns also einfach damit anfangen, alles Schritt für Schritt aufzudröseln.

JEDES LEBENSMITTEL HINTERLÄSST EINEN FUSSABDRUCK

Wie unsere Lebensmittel heute produziert werden, ist teilweise unfassbar vielschichtig und kompliziert. Was alles geschieht, bevor die Nudeln, die Tomaten oder die Milch in unserem Einkaufskorb landen, können wir als Endverbraucher so gut wie gar nicht beeinflussen. Allerdings haben wir es schon in der Hand, was wir einkaufen und wie wir damit umgehen.

Welche Auswirkungen die Herstellung von Lebensmitteln auf die Umwelt haben, wird u. a. durch den CO_2-Fußabdruck ausgedrückt. Dieser zeigt an, wie viele Treibhausgase vom Anbau bis zum Verkauf eines Produkts entstehen. Neben CO_2 werden auch die klimawirksamen Gase Methan und Lachgas als CO_2-Äquivalente in der Berechnung berücksichtigt. Vielleicht hast du schon einmal vom ökologischen Fußabdruck gehört. Dieser berücksichtigt über den CO_2-Ausstoß hinaus auch, wie viel produktive Fläche benötigt wird, damit die verbrauchten Ressourcen erneuert und die entstandenen Abfallprodukte beseitigt werden können.

In diesem Kapitel möchte ich dir zeigen, dass ein bewusster Umgang mit Essen keinen Verzicht bedeutet, sondern vielfältige Geschmackserlebnisse mit sich bringt. Unsere Lebensmittel wertzuschätzen und Reste kreativ zu verarbeiten, ist eine enorme Bereicherung - und dringend notwendig fürs Klima.

Und damit sind wir schon beim Stichwort. Wenn es um Klimaerwärmung geht, denken wir an stinkende Autos, zu viele Flüge und qualmende Schornsteine. Doch auch alles, was wir essen, muss erst einmal produziert werden. Vom Anbau über Verarbeitung und Verpackung bis hin zum Transport und Verkauf entstehen Treibhausgase. Wie hoch diese sind, hängt von der Art des Lebensmittels ab sowie davon, wo es herkommt und wie es hergestellt wurde.

WIR ESSEN ZU VIEL FLEISCH UND WERFEN ZU VIEL WEG

Laut WWF entstehen in Deutschland 20 Prozent aller Treibhausgasemissionen im Bereich Ernährung. Fast die Hälfte davon fallen an, um tierische Lebensmittel zu erzeugen. Auch wenn in Deutschland tendenziell immer weniger Fleisch gegessen wird, ist der Konsum mit rund 1 kg pro Woche immer noch zu hoch. Milch, Butter, Käse und Fleisch verursachen bei der Herstellung mehr Treibhausgase als pflanzliche Lebensmittel. Das liegt daran, dass erst einmal Futter für die Tiere angebaut werden muss. Zudem ist der komplette Herstellungsweg bis zum fertigen Produkt beispielsweise bei Butter viel länger als vergleichsweise bei Nussmus. Weiterhin wird für tierische Produkte auch mehr Fläche benötigt. Pflanzliche Lebensmittel haben in der Regel einen niedrigeren Fußabdruck als tierische - sowohl von der benötigten Fläche als auch von den CO_2-Emissionen her. Würden wir insgesamt weniger Fleisch essen, könnten in Deutschland jährlich 27 Millionen Tonnen Treibhausgase eingespart werden.

Nicht nur was wir essen, sondern auch wie wir mit Nahrungsmitteln umgehen, wirkt sich auf das Klima aus. Und das nicht zu knapp. Die essbaren Lebensmittel, die auf deutschen Mülldeponien landen, verursachen jährlich etwa 40 Millionen Tonnen CO_2-Emissionen. Das entspricht in etwa den gesamten Treibhausgasemissionen von Dänemark. Mit Lebensmitteln bewusst und sorgsam umzugehen, ist also aktiver Klimaschutz.

LEBENSMITTELVERSCHWENDUNG – DAS GROSSE PROBLEM

Wäre Lebensmittelverschwendung ein Land, wäre es der drittgrößte CO_2-Emittent nach China und den USA. Warum so viel Essen einfach im Müll landet und wie viel Geld dir dabei flöten geht.

WARUM KAUFEN WIR, UM WEGZUWERFEN?

Kaufen und wegwerfen stehen von der Wortbedeutung her eigentlich völlig im Gegensatz zueinander. Wirft man jedoch einen Blick in die Mülltonnen, scheint in der Praxis das Einkaufen von Lebensmitteln ihr Wegwerfen zu bedingen. Wie die Grafik auf Seite 19 zur Lebensmittelverschwendung in Deutschland zeigt, werfen wir Lebensmittel und Essen tatsächlich am meisten in unseren eigenen vier Wänden weg. Was mir an dieser Stelle sehr wichtig ist: Ich zeige dabei nicht mit dem Finger auf andere. Es geht mir auch nicht darum, Schuldige zu finden. Wie ich oben bereits angemerkt habe, stecken wir in einem fehlerhaften System fest, das die Verschwendung von Lebensmitteln billigend in Kauf nimmt.

Durch meine Arbeit habe ich erkannt, dass mit öffentlichen Aktionen nur zu oft die gesamte Verantwortung auf uns Kundinnen und Kunden abgeschoben wird. Doch beim Thema Lebensmittelverschwendung tragen auch Unternehmen und Politik eine große Verantwortung. Mein Ziel ist es, auf die Probleme aufmerksam zu machen, dafür zu sensibilisieren, wo Verschwendung entsteht und zu motivieren, persönliche Gewohnheiten zu überprüfen und zu ändern.

Mein kleines Einmaleins gegen Lebensmittelverschwendung: Verpackungen vollständig aufbrauchen, Vorräte überprüfen und erst dann wieder nachkaufen.

Also fangen wir doch gleich damit an. Wo entsteht denn Verschwendung? Nachfolgend habe ich einige mögliche Ursachen aufgelistet, warum Lebensmittel überhaupt im Müll landen:

- Sparangebote verleiten dazu, zu viel zu kaufen.
- Wir kaufen mehr, als wir essen können.
- Die Verpackungseinheiten sind größer als der individuelle Bedarf.
- Lebensmittel werden falsch gelagert.
- Reste werden weggeworfen anstatt verwertet zu werden.
- Die Portionsgrößen sind zu groß bemessen.
- Das Mindesthaltbarkeitsdatum auf der Verpackung wird falsch verstanden.
- Der Überblick über die eigenen Vorräte fehlt.
- Lebensmittel haben Makel und werden deshalb entsorgt.
- Übriges Essen wird nicht verteilt.

Überlege an dieser Stelle doch kurz ohne Wertung, ob bei dir in dieser Woche Essen schlecht geworden ist. War das vielleicht zufällig aus einem der angeführten Gründe? Egal zu welcher Antwort du gekommen bist - Applaus, dass du mitgemacht hast. Nur wenn wir unsere Gewohnheiten reflektieren, können wir sie auch ändern. Darum kümmern wir uns dann in den nächsten Kapiteln.

DIESES GELD KANNST DU DIR WIRKLICH SPAREN

Bleiben wir noch kurz beim Müll. Ehrlich gesagt bringe ich die Mülltüten ziemlich ungern weg. Mich stört allerdings nicht der Gang zur Mülltonne, sondern der Anblick, der mich dort oft erwartet: Ein ganzer Laib Brot, eine Packung Cornflakes oder eine halbe Pizza sind keine Seltenheit, wenn ich den Deckel der Tonne öffne. Verstehe mich bitte nicht falsch, natürlich kann mal etwas schlecht werden, dazu später mehr. Aber abgesehen von den moralischen und umwelttechnischen Aspekten, ist es auch bares Geld, was dort im Abfall liegt. Summieren wir das, kommen pro Person und Jahr rund 235 Euro zusammen. Bei einer vierköpfigen Familie sind das 940 Euro im Jahr. Überlege dir gerne mal, was du dir für 235 Euro kaufen könntest. Also mir fallen da viele schöne Dinge ein.

Ich erlaube mir an dieser Stelle mal etwas in den Tag hinein zu träumen: Was wäre denn, wenn nahezu alle Lebensmittel, die angebaut und produziert werden, auch wirklich gegessen werden würden? Wenn nicht mehr für die Tonne produziert werden würde, könnten sich dann alle qualitativ hochwertige Lebensmittel leisten? Wäre dann Essen keine Frage von Privilegien mehr? Die Antworten werden wir wahrscheinlich nie erfahren. Trotzdem finde ich es in Zeiten von Inflation & Co. umso wichtiger, diese Frage einfach mal zu stellen.

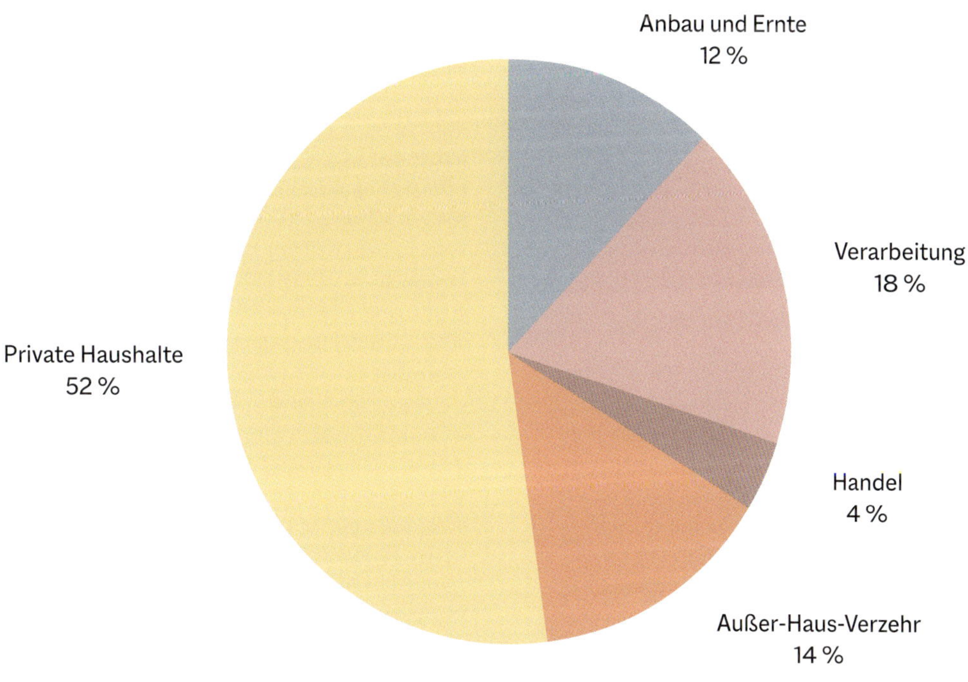

Lebensmittelverschwendung in Deutschland nach Sektoren
Quelle: Thünen Report 71 (2015)

WERTSCHÄTZUNG, WO BIST DU?

»Ein Bissen guter Nahrung entscheidet oft, ob wir mit hohlem Auge oder hoffnungsreich in die Zukunft schauen.« - Friedrich Nietzsche, 1886

»Essts es gar koa Birn oder Äpfe vo uns?«, höre ich heute noch meine Oma zu mir und meinen Brüdern sagen. Halb aufmunternd, halb vorwurfsvoll in urbayerischem Dialekt wollte sie wissen, warum wir Kinder denn keine frischen Äpfel und Birnen aus unserem Garten essen. Ich kann mich noch gut erinnern, wie meine Oma das gesamte Fallobst aufsammelte, es in die Küche trug, alle Früchte sorgfältig schälte, hin und wieder davon naschte und das Obst schließlich für den Winter einweckte. Das gab es dann zum Beispiel zu frischem Schmalzgebäck.

Das nenne ich Wertschätzung wie aus dem Bilderbuch. Heute fühle ich mich ein bisschen so, als würde ich die Botschaft meiner Oma verbreiten, wenn ich auf meinem Blog oder Instagram-Account anpreise, wie aromatisch und lecker die schrumpeligen Äpfel sind. Und wie schade es doch ist, dass wir so viel Essbarem, das direkt vor unserer Haustüre wächst, keine Beachtung schenken. Ja, warum ist das denn so?

WAS WIR WERTSCHÄTZEN, WERFEN WIR NICHT WEG

Essen ist unser Mittel zum Leben. Ohne Nahrung können wir von Natur aus nicht (lange) leben. Warum aber sind uns dann Lebensmittel durchweg so wenig wert? Nun, anders als meine Oma, die im Zweiten Weltkrieg aufgewachsen ist, war Nahrung für die meisten von uns nie knapp. Essen ist immer und überall verfügbar. Es gibt Supermärkte, die täglich über 12 Stunden geöffnet haben. Die Bäckertheken sind auch kurz vor Ladenschluss noch gut gefüllt und Einkaufsbringdienste werben damit, dass eine Bestellung in weniger als 10 Minuten geliefert wird. Um es zusammenzufassen: Wir leben mit Lebensmitteln und Essen im Überfluss.

Blicken wir in Werbeprospekte, TV-Werbungen oder Online-Anzeigen, wird uns mit Tiefpreisknüllern, Preiskrachern oder Schnäppchen der Woche vermittelt, wie phänomenal günstig doch Lebensmittel sind bzw. sein müssen. Wer da nicht richtig zuschlägt, wäre schön blöd. Doch leider wird verschwiegen, wie diese Dumpingpreise zustande kommen. Wir sehen nur die eine Seite der Medaille - auf Hochglanz poliert von der Werbeindustrie, um die Verbraucherinnen und Verbraucher zu blenden. Und da sind wir wieder bei meinen Ausführungen am Anfang des Kapitels. Wir sehen nicht, was vor dem Supermarktregal geleistet wurde. Wir sehen nicht den Hof, das Tier, die Arbeit und die Bezahlung der Menschen.

Außer man wächst auf einem Hof auf, so wie ich. Ich habe die Kehrseite der Medaille gesehen. Ich weiß, wie viel Schweiß an der Ernte hängt, wie aufreibend Wetterprognosen sein können und wie schnell es zu Ernteausfällen kommen kann. Ich habe selbst miterlebt, wie mühselig es ist, Kartoffeln von Hand zu ernten. Glaubt mir, diese Kartoffeln wirft man nicht weg - ganz egal wie sie aussehen.
Ich kann und will diese Zeilen nicht stehen lassen, ohne auf Privilegien einzugehen. Ja, uns wird beigebracht, dass Lebensmittel so günstig wie möglich sein müssen. Aber ich bin der festen Überzeugung, dass viele mehr für Lebensmittel ausgeben könnten. Oft ist das mehr eine Frage des Sich-leisten-Wollens als des Sich-leisten-Könnens. Allerdings gibt es auch Menschen, die dieses Privileg nicht besitzen. Menschen, die auf solche extrem günstigen Preise angewiesen sind, um jeden Monat über die Runden zu kommen. Diese Tatsache rechtfertigt aber nicht unser aktuelles Ernährungssystem, sondern zeigt vielmehr, dass billige Lebensmittel ein funktionierendes, soziales Sicherungssystem ersetzen.

TSCHÜSS VERSCHWENDUNG, HALLO WERTSCHÄTZUNG

»Ich habe aber kein eigenes Feld, um Kartoffeln zu ernten und Wertschätzung zu lernen«, denkst du dir vielleicht jetzt nach meinem Beispiel. Brauchst du auch nicht. Den ersten Schritt hast du bereits getan. Du hast dir mein Buch gekauft und zu lesen begonnen. Daumen hoch dafür!
Wertschätzung entsteht, indem wir uns mit Lebensmitteln auseinandersetzen, sie fühlen, riechen, zubereiten und schmecken. Dazu findest du viele praktische Tipps und Rezepte in diesem Buch.

Auch säen und ernten sensibilisiert. Wenn du einen Garten oder Balkon hast, starte doch mit einem kleinen Hochbeet. Radieschen oder Pflücksalat eignen sich besonders gut für Gartenneulinge. Das Säen und Ernten funktioniert auch im Kleinen auf der Fensterbank: Kresse säen, Kräuter anpflanzen und Sprossen ziehen klappt wunderbar indoor ohne Garten oder Balkon. Probiere es aus, du wirst begeistert sein!
Dann gibt es noch weitere Erntemöglichkeiten ohne Garten und Balkon:

- Gartenpate werden
  Auf dieser kostenlosen Plattform findest du Menschen, die ihren Garten teilen wollen. Eine Karte zeigt, ob auch in deiner Umgebung ein Garten zur Verfügung steht. www.gartenpaten.org
- Beete mieten
  Einen bereits vorbereiteten Garten mieten, professionelle Anleitung und Werkzeug erhalten – das ermöglicht diese Plattform in vielen deutschen Städten. www.meine.ernte.de
- Gemeinschaftsgärten
  Durch den Urban-Gardening-Trend, Dächer und ungenutzte Ecken in Städten mit Gemüse zu bepflanzen, wurden auch immer mehr Gärten für eine Gemeinschaft eingerichtet – zum Beispiel auf Firmengrundstücken, auf Dächern von Wohnhäusern oder in Stadtteilen. Erkundige dich bei deiner Gemeinde, Stadt oder deinem Arbeitgeber danach.
- Kostenlos ernten
  ... ist ausdrücklich erwünscht! Diese Plattform bietet eine interaktive Karte mit öffentlichen Ernteplätzen. Hier kannst du dich an heimischem Obst, Nüssen und Kräutern bedienen. www.mundraub.org

Um Lebensmittelwertschätzung zu lernen, helfen auch ein paar Fakten. Wie zum Beispiel, dass die günstigen Preise im Supermarkt nicht real sind. Sie bilden nämlich nicht die wirklichen Kosten ab, die die Lebensmittel verursachen. Diese versteckten Kosten, hervorgerufen u. a. durch Umweltschäden, werden nicht von ihren Verursachern, sondern vor allem von Menschen in Ländern des globalen Südens und von zukünftigen Generationen getragen. Natürlich können wir nichts dafür, dass das so ist. Aber wir können mit diesem Wissen bewusster handeln (siehe dazu Dokumentation Seite 186).

WERTSCHÄTZUNG ALS GESCHMACKSSINN

Was meine Wertschätzung weiterhin sehr geprägt hat, war der Fokus auf Saisonalität und Regionalität. Zugegeben, vor ein paar Jahren mochte ich keine Hasel- und Walnüsse. Stattdessen aß ich lieber Cashewkerne und bevorzugte Mangos statt Zwetschgen oder Äpfel. Bis ich anfing, die Nüsse am Hof meiner Eltern zu sammeln, sie zu trocknen, zu rösten und daraus Nussmus zu machen. Welch eine Geschmacksexplosion! Ich war wirklich baff. Je mehr ich davon aß, desto besser schmeckten mir die Nüsse. Das ist für mich persönlich der Beweis, dass Geschmack einfach Gewohnheit ist und wir unseren Geschmackssinn trainieren können. Damit meine Ich aber nicht, dass wir etwas hinunterzwingen sollen, das uns einfach nicht schmeckt. Also, auf zu mehr Wertschätzung mit neuen Geschmacksempfindungen!

Oft sind die Vögel viel schneller als ich. Dafür freue ich mich dann umso mehr, wenn ich eine rote Erdbeere entdecke.

SAISONKALENDER x = frische Ernte o = Lagerware

	Jan.	Feb.	März	Apr.	Mai	Juni	Juli	Aug.	Sept.	Okt.	Nov.	Dez.
Gemüse												
Auberginen							x	x	x	x		
Bärlauch			x	x	x							
Bataviasalat					x	x	x	x	x			
Blumenkohl					x	x	x	x	x	x		
Bohnen						x	x	x	x	x		
Brokkoli						x	x	x	x	x		
Champignons	x	x	x	x	x	x	x	x	x	x	x	x
Chicorée	x	x	x	x						x	x	x
Chinakohl			o	o	o	x	x	x	x	x	x	o
Eichblattsalat					x	x	x	x	x	x		
Eisbergsalat						x	x	x	x	x		
Endiviensalat	x				x	x	x	x	x	x	x	x
Erbsen						x	x	x	x	x		
Feldsalat	x	x	x	x						x	x	x
Fenchel							x	x	x	x	x	
Frühlingszwiebel					x	x	x	x	x	x	x	
Grünkohl	x	x									x	x
Gurken						x	x	x	x	x		
Kartoffeln	o	o	o	o	o	o	o	x	x	x	o	o
Knollensellerie	o	o	o	o	o		x	x	x	x	x	o
Kopfsalat					x	x	x	x	x	x		
Kohlrabi					x	x	x	x	x	x	x	
Kürbis	o	o						x	x	x	x	o
Lauch	x	x	x	x	x	x	x	x	x	x	x	x
Lollo Rosso					x	x	x	x	x	x		
Mairübchen					x	x						
Mangold					x	x		x	x	x		
Möhren	o	o	o	o	o	o	x	x	x	x	o	o
Paprika						x	x	x	x	x		
Petersilienwurzel	o	o	o	o	o				x	x	x	o
Pastinaken	x	x	x	o					x	x	x	x
Portulak	x	x	x	x							x	x
Radicchio	o	o	o	o				x	x	x	x	o
Radieschen					x	x	x	x	x	x		
Rettich					x	x	x	x	x	x		
Romanasalat						x	x	x	x	x	x	
Rosenkohl	x	x	x			o	x			x	x	x
Rote Bete	o	o	o	o			x	x	x	x	x	x

SAISONKALENDER x = frische Ernte o = Lagerware

	Jan.	Feb.	März	Apr.	Mai	Juni	Juli	Aug.	Sept.	Okt.	Nov.	Dez.
Rotkohl	o	o	o	o	o	x	x	x	x	x	x	o
Rucola				x	x	x	x	x	x	x	x	
Schwarzwurzel	x	x								x	x	x
Stangensellerie							x	x	x	x		
Steckrüben	o	o	o							x	x	o
Spargel				x	x	x						
Spinat			x	x	x	x	x	x	x	x	x	
Spitzkohl					x	x						
Tomaten								x	x			
Topinambur	x	x	x								x	x
Weißkohl	o	o	o	o		x	x	x	x	x	x	o
Winterrettich	o	o									x	x
Wirsing	o	o	o		x	x	x	x	x	x	x	o
Zucchini							x	x	x	x		
Zuckermais								x	x	x		
Zwiebeln	o	o	o	o	o	o	o	x	x	x	x	o
Obst												
Äpfel	o	o	o	o	o	o	o	x	x	x	x	o
Aprikosen								x				
Birnen								x	x	x	o	o
Brombeeren							x	x	x			
Erdbeeren					x	x	x	x				
Heidelbeeren						x	x	x	x			
Himbeeren						x	x	x				
Holunderbeeren									x	x		
Johannisbeeren						x	x	x				
Kirschen						x	x	x				
Pfirsich								x	x			
Pflaumen/ Zwetschgen								x	x	x		
Quitte										x	x	o
Rhabarber				x	x	x						
Stachelbeeren						x	x	x	x			
Wassermelone								x	x			
Weintrauben									x	x		
Nüsse												
Haselnüsse	o	o	o	o	o	o	o	o	x	x	x	o
Walnüsse	o	o	o	o	o	o	o	o	x	x	x	o

Hinweis: Die saisonale Verfügbarkeit kann je nach Wetter von Region zu Region variieren.

NACHHALTIG(ER) ESSEN – SO GEHT'S

Lecker essen, ohne zu verzichten und dabei noch das Klima schützen. Klingt utopisch? Ist es nicht! Ich zeige dir, was eine nachhaltige Ernährung ausmacht und wie du sie unkompliziert in deinen Alltag integrieren kannst.

Pflanzlich aufgetischt: Aufs Brot kommen bei mir hauptsächlich selbst gemachte Aufstriche aus Hülsenfrüchten. Für Extrafrische sorgen geschnittenes Gemüse und Kresse.

Weniger Fleisch! So lautet der allgemeine Tenor, wenn es um eine zukunftsfähige Küche geht. Das stimmt so auch. Es ist aber bei weitem nicht der einzige Aspekt, der eine nachhaltige Ernährung ausmacht. Dazu gehören außerdem folgende Punkte:

- weniger Lebensmittel wegwerfen
- Produkte aus der Region bevorzugen
- saisonales Obst und Gemüse kaufen
- mehr Bioprodukte essen
- Kaffee und Schokolade aus fairem Handel bevorzugen
- überwiegend unverarbeitete Lebensmittel kaufen
- Essen genießen und dabei Spaß haben

Eine nachhaltige Ernährung hat viele Facetten. Sie schließt niemanden aus, ist individuell, nicht in Stein gemeißelt und soll vor allem langfristig Spaß machen. Lange Zeit war ich der Auffassung, dass ausschließlich eine rein pflanzliche Ernährung nachhaltig sein kann. Das stimmt allerdings nicht! Eine nachhaltige Ernährung setzt nämlich nicht voraus:

- rein vegan zu essen
- CO_2-Bilanzen von Lebensmitteln zu addieren
- keine Süßigkeiten mehr zu essen
- einen eigenen Garten zu haben
- viel mehr Geld für Essen auszugeben
- nur im Bioladen einzukaufen

Eine nachhaltige Ernährung ist keine Diät, die dir Vorschriften macht, sondern ein langfristiger Wegweiser, der sich an deine Bedürfnisse und Vorlieben anpasst.

KLIMAFREUNDLICH ODER NACHHALTIG – DER UNTERSCHIED

Die Begriffe klimafreundlich und nachhaltig werden umgangssprachlich oft synonym verwendet. Exakt dasselbe meinen die beiden Adjektive aber nicht.

Ist von klimafreundlicher Ernährung die Rede, liegt der Fokus vor allem auf der Klimabilanz der Lebensmittel. Diese sind in diesem Buch nicht der Schwerpunkt. Natürlich ist die CO_2-Bilanz ein wichtiger Indikator, wie umweltverträglich ein Lebensmittel ist. Allerdings finde ich es persönlich etwas realitätsfern, vor einem Einkauf den CO_2-Fußabdruck von Lebensmitteln zu ermitteln. Am Ende des Tages zählen wir dann die Klimabilanzen unserer Mahlzeiten wie Kalorien? Kann man machen, muss man aber nicht.

Spricht man von einer nachhaltigen Ernährung, wird mehr das große Ganze betrachtet. Neben der Klimafreundlichkeit geht es auch darum, was mit den Lebensmitteln nach dem Kauf passiert und vor allem auch um die Menschen, die die Produkte anbauen bzw. herstellen. Um Nachhaltigkeit besser greifen zu können, haben die Vereinten Nationen 17 Ziele für eine nachhaltige Entwicklung festgelegt. Mit diesem Plan sollen nachhaltig Frieden, Wohlstand und Umweltschutz gefördert werden. Diese 17 Ziele sind auch als Social Development Goals (SDGs) bekannt.

Um den Unterschied zwischen klimafreundlicher und nachhaltiger Ernährung zu verdeutlichen, hilft ein praktisches Beispiel: Kaufen wir frisches Gemüse direkt beim Bauern vor Ort, hat das auf die Klimabilanz eher wenig Einfluss. Tatsächlich macht der Transport auf das einzelne Gemüse gerechnet nur wenig aus. Allerdings unterstützt der regionale Einkauf die heimischen Landwirte, fördert die lokale Wirtschaft und sichert Arbeitsplätze. Damit ist regional einkaufen nachhaltiger, aber nicht unbedingt klimafreundlicher.

Halten wir also fest: Eine klimafreundliche Ernährung ist Teil einer nachhaltigen Ernährung. Nachhaltige Produkte müssen aber nicht zwingend klimafreundlicher sein.

PFLANZLICH GEWINNT

Der Grundpfeiler einer nachhaltigen Ernährungsweise ist ein überwiegend pflanzlicher Speiseplan. Das bedeutet, dass 80–90 Prozent der verzehrten

Eine Ökokiste mit saisonalem Biogemüse kann den Einstieg in eine nachhaltigere Ernährung erleichtern.

Lebensmittel pflanzlichen Ursprungs sein sollen. Du musst jedoch nichts tracken oder abwiegen. Hier einige Mahlzeiten als Beispiel, der Anteil tierischer Produkte ist dabei optional:

- Nudeln mit Tomatensauce und 1 EL Parmesan
- Schupfnudeln mit Sauerkraut
- Brötchen mit Hummus, 1 Ei und Rohkost

Wenn du dich vegan ernähren möchtest, prima! Das ist bei einer nachhaltigen Ernährung jedoch nicht zwingend notwendig.

Mit den folgenden Tricks kannst du den Anteil pflanzlicher Produkte in deiner Ernährung erhöhen:

- Ersetze im Müsli die Hälfte des Kuhmilchjoghurts durch Sojajoghurt.
- Koche deinen Pudding mit jeweils der Hälfte Kuhmilch und Haferdrink.
- Lasse tierische Produkte nicht einfach weg, sondern ersetze sie. Mittlerweile gibt es viele pflanzliche Alternativen von veganer Sprühsahne bis hin zu pflanzlichen Rostbratwürstchen.
- Probiere neue Produkte aus wie zum Beispiel Tofu, Tempeh, Seitan, Hummus.

Merke: Je pflanzlicher deine Ernährung ist, desto besser für die Umwelt!

Wenn du tierische Produkte konsumierst, solltest du darauf achten, dass sie aus biologischer Erzeugung stammen. Das ist für mich persönlich der kleinste gemeinsame Nenner, was Qualität und tiergerechte Haltung angeht. Natürlich kann jeder nur im Rahmen seiner finanziellen Möglichkeiten handeln. Prüfe also, was möglich ist. Mein Credo: Lieber weniger tierische Produkte, dafür dann aber in Bioqualität. Am besten ist es natürlich, wenn du einen Bauernhof in der Nähe hast. Es gibt immer mehr örtliche Direktvermarkter mit Milchtankstellen und Lebensmittelautomaten. Solche Angebote gerne nutzen!

Kommen wir zum heiklen Thema Fleisch. Doch es ist so wichtig, darüber zu sprechen. Wir müssen uns vergegenwärtigen: Wo Milch, Käse und Butter produziert werden, fällt auch Fleisch an. Zum einen durch männliche Kälber, die keine Milch geben können und zum anderen durch Mutterkühe, die zu alt für die Milcherzeugung sind. Ähnliches gilt übrigens für Hühner. Im hybriden System von Legehennen und Masthühnern haben Hähne aus Legebatterien keinen Nutzen. Sie legen keine Eier und setzen zu wenig Fleisch an, um gemästet zu werden. Initiativen wie Bruderhähne ziehen sie trotzdem auf und verkaufen das Fleisch. Bruderkälber gibt es auch bei Rindern. Die Kälber, die eigentlich kurz nach der Geburt für wenig Geld ins Ausland verkauft werden, bleiben auf den Höfen und werden aufgezogen. Fleisch aus solchen Initiativen ist eine nachhaltigere Wahl.

Mir gefällt auch das alte Ritual des Sonntagsbratens. Fleisch sollte als etwas Besonderes betrachtet werden, das es nicht (mehrmals) täglich, sondern vielleicht einmal pro Woche gibt. Leider sind wir davon weit entfernt. Die deutsche Gesellschaft für Ernährung empfiehlt 300–600 g Fleisch pro Woche – wir essen in Deutschland aktuell mehr als das Doppelte.

Getreide ist weltweit ein Grundnahrungsmittel. Am nachhaltigsten ist es, Getreide in Form von Brot oder Nudeln zu essen, anstatt es als Tierfutter zu nutzen.

Betrachten wir unseren Fleischkonsum im Rahmen der Kapazitäten unseres Planeten, wären maximal 300 g pro Woche drin. Zu diesem Resultat kam die EAT-Lancet-Kommission in ihrer veröffentlichten Planetary Health Diet. Diese gibt auf wissenschaftlicher Grundlage an, wie wir uns nachhaltig und gesund im Rahmen der planetaren Grenzen ernähren können.

Trotzdem wird es in diesem Buch keine Rezepte mit Fleisch geben. Damit möchte ich zeigen, dass eine Ernährung auch mit einfachen, unverarbeiteten und pflanzlichen Zutaten möglich ist. Für meine Rezepte kannst du nach Belieben jedoch auch Produkte tierischen Ursprungs verwenden. Mehr zum Abwandeln und Austauschen findest du in der großen Zutaten-Tauschbörse (Seite 182f).
Ich persönlich ernähre mich nicht vegan, sondern zu 80-90 Prozent pflanzlich. Wenn mein Körper danach verlangt, esse ich in sehr geringen Mengen Fleisch oder Fisch. Das Fleisch stammt dann entweder vom Bauernhof meiner Eltern oder von anderen Biobauernhöfen aus der Region.

SAISONAL UND REGIONAL

Die Lebensmittel, die wir in den Supermarktregalen finden, stammen größtenteils nicht aus der umliegenden Region und entsprechen oft nicht der jeweiligen Jahreszeit. Frische Beeren im Januar, Äpfel aus Neuseeland und das ganze Jahr über Bananen sind für uns so selbstverständlich, als würden sie vom Bauernhof ums Eck kommen. Tun sie natürlich nicht. Was ich damit sagen möchte: Wie sollen wir da noch lernen, was überhaupt in Deutschland wächst und wann reif ist? Durch einen Saisonkalender (Seite 22f). Er hilft dir, wieder ein Gespür dafür zu entwickeln, was gerade bei uns in Deutschland reif ist.

Regional zu essen bezieht sich aber nicht nur auf frisches Obst und Gemüse. Auch abgepackte bzw. verarbeitete Produkte gibt es aus heimischem Anbau. Dazu zählen zum Beispiel Mehl, Zucker, Getreideflocken, Hülsenfrüchte und Nudeln. Durch Ernährungstrends haben sich einige exotische Produkte als besonders gesund etabliert, obwohl die heimischen Pendants ihnen in nichts nachstehen. Einige Beispiele dafür: Rübenzucker ist nicht ungesünder als Rohrzucker, Heidelbeeren stecken ebenso voller gesunder Antioxidantien wie Açai-Beeren und Leinsamen funktionieren wie Chiasamen.

GLOBAL	LOKAL
Rohrzucker	Rübenzucker
Chiasamen	Leinsamen
Kokosöl	Rapsöl
Pekannüsse	Walnüsse
Goji-Beeren	Rosinen
Açai-Beeren	Heidelbeeren
Agavendicksaft	Apfeldicksaft
Macadamianüsse	Haselnüsse
Mandeldrink	Haferdrink
Reis	Goldhirse
Kokosjoghurt	Sojajoghurt

Was du noch über Regionalität wissen solltest: Grundsätzlich ist die Bezeichnung »regional« nicht gesetzlich geschützt. Mein Grundsatz: Je näher das Lebensmittel erzeugt ist, desto besser. Ob mein Apfel jetzt aus dem Nachbarort oder vom anderen Ende Deutschlands kommt, ist Nebensache. Regional kann auch das Nachbarland sein. So sind Mandeln aus Spanien regionaler als Mandeln aus Kalifornien. Du darfst auch nicht vergessen, dass Regionalität zum

Regional ist nicht immer gleich saisonal und umgekehrt: Saisonale Walnüsse im Herbst kommen beispielsweise häufig aus Australien. Lies deshalb unbedingt die Herkunftsdeklaration. Andersherum können Gurken und Tomaten ganzjährig in Gewächshäusern in Deutschland angebaut werden. Sie sind dann zwar regional, haben aber im Winter trotzdem keine Saison.

Verkaufsargument geworden ist. Schaue also besser genau hin, wenn etwas »regional« angeboten wird. Stammt das gesamte Produkt aus der Region oder wurde es dort nur hergestellt oder verpackt?

WIRF MICH NICHT WEG!

Dass die Lebensmittelabfälle unbedingt weniger werden müssen, wissen wir bereits. Laut der EAT-Lancet-Kommission muss die weltweite Lebensmittelverschwendung um die Hälfte reduziert werden. Das ist auch das Ziel der nationalen Strategie gegen Lebensmittelverschwendung der Bundesregierung. Ob wir das schaffen werden? Tatsächlich hätte die Politik einige Möglichkeiten, um hier als gutes Vorbild voranzugehen: Wegwerfverbote für Supermärkte wie in Frankreich und Tschechien oder Steuererleichterungen wie in Italien, wenn Lebensmittel verteilt statt weggeworfen werden. Bislang ist davon in Deutschland nichts in Sicht.

BITTE EIN BISSCHEN BIO

Vielleicht bin ich die erste, die dir jetzt sagt, dass Biolebensmittel per se nicht gesünder sind. Allerdings haben sie eine Menge anderer Vorteile für Umwelt und Tiere. Dazu gehören:

- Verzicht auf chemisch-synthetische Pestizide und mineralische Stickstoffdünger
- fruchtbarer Boden durch Humusaufbau und mehrgliedrige Fruchtfolgen auf den Feldern
- weniger Tiere pro Stall, dafür mehr Platz, Stroh und Auslauf
- weniger Antibiotikaeinsatz
- Grundwasserschutz durch weniger Nitratauswaschung und Medikamentenrückstände

Ein weiterer Pluspunkt: Viele unverarbeitete Lebensmittel schmecken in der Biovariante viel intensiver. Tatsächlich sind einige Bioprodukte genauso teuer oder sogar günstiger als Markenprodukte im Supermarkt. Pflanzliche Milchalternativen kosten durchweg weniger als konventionelle Markenprodukte.

Noch ein Vorteil von Biolebensmitteln: Sie sind in der Regel aromatischer und schmecken (mir) einfach besser!

WIR WOLLEN ES AUCH FAIR

Zu einer nachhaltigen Ernährung gehört auch der Fairness-Aspekt. Wir alle lieben Kaffee und Schokolade. Zwei Produkte, die nicht regional wachsen und auch nicht besonders nachhaltig sind. Beide benötigen in der Produktion viel Wasser und Land. Daher solltest du darauf achten, dass Kaffee und Schokolade fair und bio sind. Als fair zertifiziert gibt es außerdem Öle, Nüsse und Kokosprodukte.

UNVERARBEITET – UNDENKBAR FÜR DICH?

So unverarbeitete Lebensmittel wie möglich, lautet ein weiterer Grundsatz einer nachhaltigen Ernährung. Es ist natürlich logisch, dass für normale Kartoffeln weniger Energie benötigt wird als beispielsweise für Chips oder Tiefkühlpommes. Naturbelassene Produkte zu kaufen, hat zur Folge, dass sie zu Hause zubereitet und gekocht werden müssen. Das braucht Zeit. Lass uns Klartext reden: No shame, wenn du es in einem stressigen Alltag nicht schaffst, regelmäßig frisch zu kochen. Das kann ich gut nachempfinden. Und genau deshalb habe ich dieses Buch geschrieben. Ich mache Schluss mit Dogmen und Schwarz-Weiß-Denken. Im folgenden Kapitel »Clevere Küchenorganisation« prüfen wir, was für dich machbar ist und welche Routinen zu deinem Alltag passen.

DER WICHTIGSTE TIPP, DEN DIR KEINER GIBT

Bio oder unverpackt? Vegan oder plastikfrei? Beim Einkauf stehen wir vor zig Entscheidungen, wenn wir nachhaltiger auswählen möchten. Und auch im Internet wimmelt nur so vor Ge- und Verboten.

»Bio lässt Blumen blühen!« Dieser Satz steht seit meiner Kindheit auf einem Plakat an der Kellertür meiner Eltern – darunter blüht eine Mohnblume im Getreidefeld.

Aber worauf kommt es wirklich an? Das verrate ich dir gerne. Seitdem ich mit meinem Herzensthema Lebensmittelwertschätzung an die Öffentlichkeit gegangen bin, werden mir immer wieder Fragen folgenden Typs gestellt: Was ist besser? Die Biogurke aus Spanien oder die Gurke aus konventionellem Anbau in Deutschland? Der Kuhmilchjoghurt im Pfandglas oder der Sojajoghurt im Plastikbecher? Der Honig aus dem Nachbardorf nebenan oder der Fair-Trade-Honig aus dem fernen Mexiko?
Meine Antwort auf all diese Fragen lautet: Am besten ist die Gurke, der Joghurt und der Honig, den du auch wirklich vollständig aufisst.

Damit hättest du jetzt wahrscheinlich nicht gerechnet. Ich stelle die Frage mal umgekehrt: Wäre es besser, wenn die Biogurke aus Spanien im Müll landet oder die konventionelle Gurke aus Deutschland? Wenn der Kuhmilchjoghurt im Glas im Kühlschrank vergessen wird und schimmelt oder der Sojajoghurt im Plastikbecher? Wenn der Honig vom benachbarten Imker nicht schmeckt oder der Fair-Trade-Honig aus Mexiko?

Was ich damit sagen will: Wenn wir einkaufen, können wir uns mit dutzenden Kriterien beschäftigen. Unverpackt, regional, saisonal, bio, vegan, zuckerfrei, ohne Geschmacksverstärker ... Wir müssen zwischen verschiedenen und doch gleichen Produkten abwägen. Wir bekommen tausend Tipps und Ratschläge, was denn besser wäre. Das nervt dich? Mich auch.

Dabei verheimlichen alle den wirklich wichtigen Tipp: Kaufe nur das, was du essen kannst. Lagere deine Lebensmittel richtig, verbrauche sie rechtzeitig, mache sie haltbar und frische Lebensmittel mit Makel wieder auf. Was bringt uns und der Umwelt das noch so perfekte regionale, unverpackte Bioprodukt, wenn es später im Müll landet? Rein gar nichts. Es geht im Grunde nicht darum, die richtigen Lebensmittel zu kaufen, sondern darum, richtig mit ihnen umzugehen. Und darum kümmern wir uns jetzt!

CLEVERE KÜCHEN-ORGANISATION

Damit du gerne Zeit in der Küche verbringst, kommt es darauf an, wie du sie organisierst.

KÜCHENEQUIPMENT

Schnellkochtopf, Slow Juicer, Spiralizer: Welche Küchengeräte sind wirklich notwendig, welche nur nice to have? Wir machen den Equipment-Check und finden Routinen, die zu dir passen.

»Wenn ich eine große, neue, schöne, helle und moderne Küche hätte, würde ich auch viel mehr kochen und selber machen.« Kommt dir dieser Gedanke bekannt vor? Ich kenne ihn nur zu gut. Bereits als Kind habe ich mir in unserem Haus aus den 1970er-Jahren eine moderne Küche gewünscht. Nach sämtlichen WG-Küchen, einer Apartmentküche ohne Backofen, einer düsteren 5-qm-Küche, einer neuen, hellen Küche und meiner aktuellen schon sehr mitgenommenen Mietwohnungsküche kann ich sagen: Es kommt nicht auf die Küche an, sondern auf das, was du daraus machst. Natürlich kann Ästhetik motivieren. Das gilt nicht nur für die Küche an sich, sondern auch für Küchengeräte und -utensilien. Allerdings habe ich in der sehr geräumigen, hellen Küche auch nicht mehr gewerkelt als in meiner vorherigen finsteren Miniküche ohne Arbeitsfläche. Versuche also das Positive an deiner Küche zu sehen. Was gefällt dir? Was hatte deine Vorgänger-Küche nicht? Gibt es einfache Verbesserungsmöglichkeiten? Wenn es dir an Platz fehlt, kannst du mit einer geeigneten Abdeckung für Herd oder Spüle mehr Arbeitsfläche schaffen. Schneiden, kneten oder rühren lässt sich auch gut (sitzend) am Küchentisch. Für mehr Stauraum sorgen ein schicker Küchenwagen und Regale an der Wand. Sind die Fächer in Schränken und Regalen zu hoch, empfehle ich dir Regaleinsätze. Damit kannst du deinen Stauraum verdoppeln und beispielsweise Tassen, Gläser und Teller übersichtlich lagern. Meine liebsten Ordnungshelfer sind Boxen. Diese kann ich im Ganzen aus dem Regal nehmen, anstatt auf der Suche nach einem passenden Deckel Chaos im jeweiligen Fach zu hinterlassen. Ich habe zum Beispiel separate Boxen für Vorratsgläser oder für Deckel von Schraubgläsern.

PLASTIK IN DER KÜCHE: YAY ODER NAY?

Grundsätzlich gilt: je weniger Plastik desto besser. Trotzdem wäre es nicht nachhaltig, jegliche Dinge aus Plastik wegzuwerfen und durch nachhaltigere Alternativen zu ersetzen. Wenn du nach diesem Kapitel (hoffentlich) motiviert bist, deine Küche wieder in Schwung zu bringen, empfehle ich dir Folgendes: Alles, was intakt ist und genutzt wird, darf bleiben. Das gilt auch für Tupperdosen, Messer mit Kunststoffgriff oder Rührschüsseln aus Plastik. In der Küche hat Kunststoff auch Vorteile: Er ist langlebig, wiederverwendbar, wasserdicht, leicht, robust und kann in der Spülmaschine gereinigt werden. Deshalb ist es am nachhaltigsten, intakte Küchenhelfer aus Kunststoff weiterhin zu verwenden. Von Pfannenwendern und Schneidebrettern aus Plastik, beschädigten Antihaftbeschichtungen sowie BPA-haltigem Kunststoff solltest du dich allerdings trennen und diese Teile ordnungsgemäß entsorgen.

Küchenutensilien aus Edelstahl, Glas oder Baumwolle sind besonders langlebig.

Wenn du dir nicht ganz sicher bist, ob du bestimmte Küchenutensilien noch brauchst oder nicht, sammle sie am besten in einer Kiste. Ich warte dann immer 2 Wochen und entscheide dann endgültig, was ich davon doch behalten möchte und was nicht. Die aussortierten Sachen verkaufe ich auf Gebrauchtwaren-Plattformen oder verschenke sie.

Wenn du dir neues Küchenequipment kaufst, achte auf nachhaltige Materialien wie Edelstahl, Gusseisen, Glas, Holz, Emaille, Keramik oder Biobaumwolle.

EINKAUFSTIPP

Wirklich nachhaltige Produkte für Küche und Haushalt findest du beispielsweise bei daheeme.com. Der nachhaltige Onlineshop bietet neben plastikfreien Produkten aus der Region auch Artikel aus zweiter Hand, die ein neues Zuhause suchen.

NACHHALTIGE GRUNDAUSSTATTUNG

Grundsätzlich versuche ich, in der Küche mit so wenig Utensilien wie möglich auszukommen. Da kochen, backen und in der Küche werkeln aber Teil meines Berufs ist, besitze ich bestimmt mehr Dinge, als ich allein für den privaten Gebrauch benötigen würde. Im Laufe der Jahre haben sich einige Küchenhelfer herauskristallisiert, die ich nicht mehr missen möchte. Diese Basics habe ich in der nachfolgenden Tabelle zusammengestellt. Du kannst sie natürlich an deine individuellen Bedürfnisse anpassen.

Schneidebretter aus Holz wollen gut gepflegt werden. Deshalb immer mit der Hand spülen und an der Luft vollständig trocknen lassen. Damit die Bretter nicht austrocknen, sollten sie alle 3 Monate eingeölt werden - das gilt auch für hölzerne Kochlöffel und Pfannenwender. Am besten etwas Leinöl auf ein Baumwolltuch geben und die Holzbretter vollständig damit einreiben und einziehen lassen.

Als Zero-Waste-Helfer besitze ich zwei **Trichter:** einen mit schmalem Hals und einen Konfitüretrichter mit breiter Öffnung. Konfitüre fülle ich damit eher selten ab, dafür umso häufiger Suppenreste, Gewürze, Haferflocken, Nussmus, Nüsse, Kaffeebohnen ... Der Clou daran: Mit diesem Trichter landet einfach immer alles da, wo es hin soll, und nichts geht verloren. Gleiches gilt für den **Teigschaber,** von meiner Mama liebevoll »Ausputzer« genannt. Statt Teig zu schaben, putzen wir damit nämlich sämtliche Gläser, Becher und Schüsseln restlos aus. Für Senf-, Aufstrich-, Nussmusgläser und Joghurtbecher ist ein schmaler Schaber optimal, für Mixbecher und Rühr-

GRUNDAUSSTATTUNG IN DER KÜCHE	
Zerkleinern und Schälen	gutes Messer Schneidebrett aus Holz, Stein oder Glas Sparschäler Schere Küchenhobel/-reibe
Zero-Waste-Helfer	Trichter Teigschaber Eiswürfelform
Aufbewahren	Schüsseln, Boxen, Gläser mit Deckel (luftdicht verschließbar) Kunststoffbeutel Baumwollbeutel Bienenwachstücher
Zubereiten	große Rührschüssel kleines Sieb großes Nudelsieb Schneebesen Küchenwaage Messbecher
Kochen und Backen	Kastenform Springform 3 gute Töpfe mit Deckel in verschiedenen Größen 2 Pfannen (klein und groß) 2 Auflaufformen (klein und groß) Kochlöffel und Pfannenwender aus Holz
Elektrische Helfer	Pürierstab Küchenmaschine (nach Belieben) Standmixer Handrührgerät mit Rührbesen und Knethaken

Nie wieder ohne meinen Konfitüretrichter! Tatsächlich habe auch ich das Küchentool viel zu lange unterschätzt.

schüsseln darf ein breiter Teigschaber nicht fehlen. Auch eine **Eiswürfelform** ist zu einem Must-have geworden. Damit friere ich Tomatenmark, Gemüsebrühe , Kaffee- und Aufstrichreste portionsweise ein.

Beim Aufbewahren rate ich dir natürlich nicht, **Kunststoffbeutel** neu zu kaufen. Allerdings benutze ich nach wie vor alte, noch vorhandene Gefrierbeutel. Sie lassen sich gut reinigen und wiederverwenden.
Kleine **Baumwollbeutel** sind prima für loses Obst und Gemüse sowie Brot und Backwaren. Große Beutel nutze ich als Einkaufstasche.
Bienenwachstücher sind wahre Frischhaltewunder und machen herkömmliche Frischhaltefolie überflüssig. Darin kannst du Käse, Sandwiches oder angeschnittenes Obst frisch halten und Schüsseln abdecken. Sie eignen sich auch zum Tiefkühlen von Brot, Gebäck oder Butter.

10 TIPPS FÜR NOCH MEHR NACHHALTIGKEIT IN DER KÜCHE

- Spültücher aus Biobaumwolle lassen sich in der Waschmaschine reinigen und sind damit nachhaltiger als Wegwerftücher und -schwämme.
- Achte auf biologisch abbaubare Reinigungs- und Spülmittel ohne Mikroplastik.
- Statt Mülltüten zu kaufen, verwende besser unvermeidbare Plastikverpackungen als Müllbeutel, z. B. von Möhren, TK-Gemüse, Aufbackbrötchen oder Toilettenpapier.
- Nutze Ökostrom.
- Achte beim Kauf von neuen Elektrogeräten auf eine gute Energieeffizienz.
- Auf dem Herd immer mit Deckel kochen, beim Backen auf das Vorheizen des Ofens verzichten und Restwärme nutzen und bei Küchengeräten generell den Standby-Modus vermeiden. All das spart Energie und bares Geld.
- Dir fehlen noch ein paar Küchenutensilien? Dann frag doch einfach mal im Freundes- und Familienkreis nach. Nicht selten liegt hier so mancher Küchenhelfer ungenutzt herum.
- Achte bei beschichteten Teflon-Pfannen (PTFE) auf den Hinweis »PFOA-frei«. Bei Pfannen aus Keramik und Emaille sollte der Hinweis zu finden sein, dass die Beschichtungen frei von Schwermetallen sind.
- Benutze zum Sammeln deines Biomülls einen alten Topf mit Deckel.
- Eine Küchenmaschine ist oft auch gebraucht so gut wie neu. Es erfordert zwar etwas Zeit, ein vertrauenswürdiges Angebot zu finden, aber es lohnt sich. So habe ich vor 4 Jahren eine klasse Küchenmaschine für ein Drittel des Neupreises gefunden. Und sie funktioniert bis heute einwandfrei.

ESSEN RICHTIG LAGERN – DIE BASICS

Lebensmittel richtig zu lagern, ist die erste Stufe des Haltbarmachens. Warum Obstkörbe keine gute Idee sind, du in Zukunft Radieschen immer ohne Grün lagern wirst und in deinem Backofen ein optimaler Brotkasten schlummert.

Außerhalb des Null-Grad-Fachs ist es grundsätzlich in der Mitte des Kühlschranks am kältesten. Wärmer ist es im Gemüsefach, den oberen Etagen und in der Türe.

Viele Abfälle wären vermeidbar, wenn die Lebensmittel zuvor richtig gelagert worden wären. Bewahren wir Essen unsachgemäß auf, verkürzt sich die Haltbarkeit und es verdirbt logischerweise schneller. Klingt für dich nach einem Studienfach? Ist es nicht. Lebensmittel richtig zu lagern ist kein Hexenwerk. Das Problem: Uns fehlt oft einfach das Wissen und manchmal vielleicht auch die Motivation. Deshalb kommt jetzt eine große Portion praktisches Wissen mit einer Extraportion Motivation! Ich sage bewusst praktisches Wissen., denn meine Ausführungen resultieren aus langjährigen Erfahrungen im Alltag und nicht aus Empfehlungen aus dem Internet.

DER KÜHLSCHRANK

Allein aus dem korrekten Einräumen des Kühlschranks lässt sich eine Wissenschaft machen. Für mich muss alles einfach umzusetzen sein und natürlich funktionieren. So kommt bei mir fast alles, was frisch ist, in den Kühlschrank: Milchprodukte und -alternativen, Getränke, Gemüse, Obst und Schokolade – vor allem im Sommer. Abgesehen vom Null-Grad- und Gemüsefach achte ich nicht darauf, welches Fach temperaturtechnisch am besten für meine Kühlprodukte ist. Das wäre mir viel zu kompliziert. Es ist natürlich richtig, dass die Fächer unterschiedliche Temperaturen haben. In der Praxis macht es aber so gut wie keinen Unterschied, ob die Ketchupflasche in der Kühlschranktür steht oder in einem Fach liegt. Mein Motto für Kühlprodukte: Hauptsache im Kühlschrank statt draußen.

Die optimale Temperatur für den Kühlschrank beträgt etwa 7 °C – das entspricht Stufe 1 bis 2. Das Tiefkühlfach sollte auf etwa -18 °C eingestellt sein. Trockenprodukte können gut bei einer Zimmertemperatur von etwa 20 °C gelagert werden. Wer einen Keller besitzt, hat eine zusätzliche Lagermöglichkeit bei kühleren 12–17 °C. Die Haltbarkeit von Lebensmitteln wird aber nicht nur von der Temperatur beeinflusst, sondern auch von der Art und Weise der Verpackung bzw. der Aufbewahrung.

OBST

Mit der Ausnahme von Äpfeln lässt Obst sich nicht lange lagern und verdirbt recht schnell – vor allem bei warmen Temperaturen. Deshalb sollten Früchte immer in möglichst kleinen Mengen gekauft werden. Ein großer Fehler beim Lagern von Früchten ist der gut gemeinte Obstkorb mit Bananen, Äpfeln, Nektarinen, Birnen, Pflaumen & Co. Solch eine bunte Schale sieht zwar schön aus, lässt das Obst aber nachreifen und in kurzer Zeit verderben. Grund dafür ist das Reifegas Ethylen, das vor allem Äpfel, Birnen, Mangos, Nektarinen und Pflaumen absondern. Diese sollten deshalb immer getrennt voneinander gelagert werden. Andersrum kannst du dir das Ethylen zunutze machen und zum Beispiel unreifes Obst oder auch grüne Tomaten nachreifen lassen. Lege zum Beispiel zu grünen Bananen oder Tomaten ein paar Äpfel. Das beschleunigt ihre Reife.

Do:

- Reifes Obst im Kühlschrank im Obst- und Gemüsefach lagern.
- Unreifes Obst bei Zimmertemperatur nachreifen lassen

Don't:

- Große Mengen frisches Obst kaufen.
- Früchte lange bei Zimmertemperatur lagern.

GEMÜSE

Auch viele Gemüsesorten sind nicht lange lagerfähig und sollten rasch verzehrt werden. Du hast vielleicht schon mal gehört, dass Kartoffeln und Tomaten nicht in den Kühlschrank sollten. Das ist grundsätzlich nicht falsch, allerdings lagere ich jedes Gemüse im Kühlschrank. Aus meiner Erfahrung hält es sich hier einfach am längsten. Es ist richtig, dass Tomaten an Aroma und Geschmack verlieren, wenn sie zu lange gekühlt werden. In der Praxis ist mir das aber noch nicht aufgefallen. So kommen Tomaten bei mir im Sommer auch in den Kühlschrank. Kartoffeln treiben bei Zimmertemperatur einfach immer schnell aus. Auch hier habe ich nur gute Erfahrungen damit gemacht, Kartoffeln kurzzeitig im Gemüsefach des Kühlschranks zu lagern. Ein kühler Keller eignet sich natürlich am besten zum Lagern von Kartoffeln und anderem Wurzelgemüse. Glückwunsch, wenn du einen zur Verfügung hast.

Ein bunter Korb mit saisonalem Obst und Gemüse sollte maximal 1–2 Tage als Dekoration dienen.

Do:

- Gemüse im Gemüsefach des Kühlschranks aufbewahren.
- Kälteempfindliches Gemüse (Tomaten, Kartoffeln) im Keller oder nur kurz im Kühlschrank lagern.
- Radieschen und Möhren immer ohne Grün lagern, so bleiben sie länger knackig.
- In ein feuchtes Geschirrtuch gewickelt bleiben Blattsalate, Rettiche und auch Wurzelgemüse länger frisch.

Don't:

- Zu große Mengen frisches Gemüse kaufen, vor allem Blattsalate und Spinat werden schnell welk.
- Tomaten und Kartoffeln zu lange bei Zimmertemperatur lagern.

TROCKENPRODUKTE UND GETRÄNKE

Haferflocken, Nudeln, Reis und Müsli sollten nach dem Öffnen der Packung immer luftdicht aufbewahrt werden. Das schützt sie vor Mottenbefall und verhindert, dass die Lebensmittel feucht werden. Eine Verschlussklammer oder ein Gummiband sind zwar besser als nichts, verschließen aber die Verpackung nicht optimal. Zum Aufbewahren eignen sich luftdicht schließende Schraubgläser, Bügel- und Weckgläser mit Gummiring oder Dosen. Für restloses Umfüllen schneide die Verpackung immer sorgsam auf und fülle den Inhalt mithilfe eines Trichters um. So geht kein einziger Krümel daneben und deine Vorräte sind optimal geschützt.

Do:

- Verpackungen sauber aufschneiden und den Inhalt in luftdichte Behälter umfüllen.
- Nussmus, Schokoaufstrich und Honig bleiben auch geöffnet bei Zimmertemperatur haltbar.

Don't:

- Verpackungen offen herumstehen lassen.
- Geöffnete Getränke (Säfte, Smoothies, Limonaden) bei Raumtemperatur stehen lassen.

KÜHL- UND TIEFKÜHLPRODUKTE

Grundsätzlich gilt: Alles, was im Supermarkt gekühlt gekauft wird, kommt auch zu Hause in den Kühlschrank. Also frische Milch, Joghurt, Quark, Käse, Fisch, Fleisch und Wurst sowie deren pflanzliche Alternativen. Daneben gibt es einige Produkte, die ungeöffnet bei Zimmertemperatur gelagert werden, nach dem Öffnen aber gekühlt werden sollten: Aufstriche, Tomatenmark, Ketchup, Saucen, haltbare Milch und Pflanzendrinks, Leinöl und natürlich frisch gekochte Speisen. Diese immer luftdicht verschließen. Eier findest du im Supermarkt zwar nicht im Kühlregal, sie sollten nach dem Einkauf aber für eine längere Haltbarkeit in den Kühlschrank. Viele moderne Kühlschränke haben ein Null-Grad-Fach. Dieses hält Milchprodukte und -alternativen sowie Fisch, Fleisch und (pflanzliche) Wurstwaren merklich länger frisch. Auch selbst gemachte Aufstriche lagere ich im Null-Grad-Fach.

Do:

- Der Kühlschrank läuft am effizientesten, wenn er gut gefüllt ist und regelmäßig gereinigt wird.
- Regelmäßiges Abtauen des Gefrierfachs spart bis zu 15 Prozent des Energiebedarfs.
- Ordne deinen Kühlschrankinhalt in Boxen, um den Überblick zu behalten.
- Bei schlechtem Geruch im Kühlschrank hilft eine kleine Schale mit Kaffeebohnen.

Don't:

- Kühlkette unterbrechen! Vor allem Tiefkühlprodukte sollten nicht lange transportiert werden.
- Warme oder heiße Speisen in den Kühlschrank stellen – diese immer erst vollständig abkühlen lassen.
- Speisen ohne Abdeckung im Kühlschrank lagern, das führt zu schlechten Gerüchen.

Doch zu viele Backwaren gekauft? Dann Brot, Brötchen oder Croissants am besten noch frisch tiefkühlen.

BACKWAREN

Dein Brot ist schon wieder hart oder schimmelig? Dann hast du wahrscheinlich noch nicht die richtige Lagerung dafür gefunden. Die Herausforderung dabei: Brot und Brötchen trocknen an der Luft schnell aus, kann die Luft in der Verpackung aber nicht zirkulieren, bildet sich Schimmel.

Do:

- Den kalten Backofen als Brotkasten nutzen: Darin trocknen die Backwaren nicht aus und fangen auch nicht an zu schimmeln.
- Sauerteigbrote kaufen – sie bleiben bis zu 1 Woche frisch.
- Brot und Brötchen bleiben eingewickelt in (Bienen-) Wachstücher weich und fluffig.
- Einen atmungsaktiven Brotkasten aus Ton, Keramik, Edelstahl oder Blech wählen.
- Süßes Gebäck im Kühlschrank lagern.

Bei Brot kannst du auch verschiedene Lagermethoden kombinieren. Für die optimale Aufbewahrung kleide ich Baumwollbeutel gerne mit Bienenwachstüchern aus.

Don't:
- Brot im Plastikbeutel lagern.
- Brot, Brötchen etc. im Kühlschrank lagern.
- Brotkasten aus Plastik nutzen.

ACHTUNG HITZE!

Steigen die Außentemperaturen auf über 25 °C, achte ich nochmal mehr auf die Lagerung meiner Lebensmittel. Das heißt, dass ich zum Einkaufen eine isolierte Kühltasche für Kühl- und Tiefkühlprodukte mitnehme. Zu Hause habe ich ein Augenmerk darauf, Käse, Joghurt & Co. nicht lange ungekühlt stehen zu lassen und vor direkter Sonneneinstrahlung zu schützen. Das mag dir vielleicht kleinlich vorkommen, hat aber Auswirkungen auf die Haltbarkeit. Im Sommer lagere ich tatsächlich kein Obst und Gemüse außerhalb des Kühlschranks. Das verhindert Fruchtfliegen und hält die Lebensmittel frisch. Um schwitzende oder geschmolzene Schokolade zu vermeiden, lege ich auch sie im Sommer in den Kühlschrank.

WICHTIG

Die eine richtige Lagerung für Lebensmittel gibt es nicht. Ich gebe dir hier nur Empfehlungen, die aus meinen Erfahrungen resultieren und bei mir funktionieren. Jede Wohnung, jeder Keller und jeder Kühlschrank sind anders. Meine Ausführungen orientieren sich immer an der längstmöglichen Haltbarkeit eines Produkts. So ist es natürlich völlig in Ordnung, zum Beispiel Gemüse einen Tag bei Raumtemperatur zu lagern, Kindern einen bunten Obstkorb anzubieten oder den Frühstückstisch nicht sofort nach dem letzten Bissen abzuräumen. Probiere aus, was für dich passt und funktioniert!

HALTBAR MACHEN IM HANDUMDREHEN

Lebensmittel haltbar zu machen, bedeutet nicht, wie zu Omas Zeiten Obst und Gemüse aufwendig einzukochen. Das geht viel schneller, zum Beispiel durch Tiefkühlen. Auch andere Formen des Haltbarmachens lassen sich im Alltag gut umsetzen.

Du fährst in den Urlaub, aber hast noch zu viel Gemüse im Kühlschrank? Dann nichts wie haltbar machen! Springe gerne zu Seite 82 und erfahre wie das ruck, zuck geht.

Damit Lebensmittel über die korrekte Lagerung hinaus genießbar bleiben, gibt es verschiedene Möglichkeiten des Haltbarmachens. Am besten kauft man nur so viel, wie man rechtzeitig verbrauchen kann. Aber diesen perfekten Zustand wird es so gut wie nicht geben. Außerdem gibt es gute Gründe, um Lebensmittel bewusst haltbar zu machen:

- Große Mengen an saisonalem Obst und Gemüse können nicht auf einmal verzehrt werden.
- Vorräte anlegen.
- Lebensmittel halten weniger lange als erwartet.
- Es wird weniger benötigt, als man in einer Verpackungseinheit kaufen kann.
- Essensreste bleiben übrig.

ERHITZEN

Die Tomaten werden langsam schrumpelig oder die Pflaumen sind schon sehr reif? Wenn Obst und Gemüse bereits am nächsten Tag zu verderben droht, kann einfaches Erhitzen bzw. Aufkochen die Lebensmittel relativ einfach haltbar machen. So lassen sich Tomaten ruck, zuck zu einer aromatischen Sauce verkochen (Seite 165) und reifes Obst zu einem leckeren Kompott (Seite 75). Beides hält sich problemlos bis zu 3 Tagen im Kühlschrank.

TIEFKÜHLEN

Also ich könnte wirklich nicht mehr ohne mein Tiefkühlfach, besser gesagt meine Tiefkühlfächer. Tiefkühlen ist die einfachste Art des Haltbarmachens und wird total unterschätzt. Wer nur ein kleines Gefrierfach im Kühlschrank hat, ist natürlich vom Platz her eingeschränkt. Deshalb empfehle ich bei einer Neuanschaffung immer eine Kühl-Gefrier-Kombination mit zwei bis drei Gefrierfächern.

Zum Tiefkühlen nutze ich am liebsten Gläser, Edelstahldosen oder Gefrierbeutel, die ich immer wieder verwende.

Tiefgekühlt werden können u.a. Brot- und Backwaren, Hartkäse, Fleisch, Wurst, Obst, Reis, Nudeln, Hefe, Butter und Margarine sowie Essensreste. Nicht tiefkühlen solltest du Gurken, Eier in der Schale, Weichkäse, Kartoffeln, Knoblauch, Zwiebeln und Blattsalate.

Als Behältnisse zum Tiefkühlen eignen sich:
- Dosen mit Deckel
- Gläser mit Deckel
- Bienenwachstücher
- bereits vorhandene Gefrierbeutel

Mithilfe von Eiswürfelformen friere ich außerdem portionsweise Tomatenmark, Aufstriche, Saucen, Aquafaba (Kochwasser von Hülsenfrüchten) sowie Reste von Kaffee und Saft ein. Sind sie durchgefroren, können die festen Würfel in einer Box gelagert werden, und die Eiswürfelform ist wieder frei.

Achtung, Flüssigkeiten dehnen sich beim Tiefkühlen aus. Befülle Gläser und Dosen deshalb nie randvoll, sondern lasse immer etwa 2 cm Platz bis zum oberen Rand. Wenn ich Suppen, Saucen, Dips oder Aufstriche in Gläsern tiefkühle, lege ich den Deckel zuerst nur lose auf das Glas. Wenn dann alles durchgefroren ist, verschließe ich sie. So zerspringt das Glas nicht. Tiefgekühltes solltest du spätestens nach 1 Jahr aufbrauchen. Und ganz wichtig: Einmal aufgetaute Lebensmittel nicht erneut tiefkühlen!

Clever auftauen

Grundsätzlich sollten tiefgekühlte Lebensmittel immer langsam im Kühlschrank auftauen. Ich stelle gern abends ein Glas mit Aufstrich oder Sojadrink aus dem Gefrierfach in den Kühlschrank. Am nächsten Morgen ist der Drink dann wieder bereit für mein Müsli. Tiefgekühltes Gemüse kann direkt gekocht oder gebraten werden. Tiefgekühlte Backwaren kannst du im Ofen aufbacken. Besondere Vorsicht ist bei Fleisch und Fisch geboten. Aufgetautes sollte möglichst schnell verarbeitet werden - auf jeden Fall am selben Tag.

Dass sich beim Auftauen etwas Flüssigkeit absetzt, ist ganz normal. Einige Lebensmittel verändern durch das Tiefkühlen ihre Konsistenz bzw. Beschaffenheit. Milch und Pflanzendrinks können im gefrorenen Zustand ihre Farbe wechseln. Nach dem Auftauen und kräftigem Schütteln sehen sie aber wieder aus wie gewohnt. Quark, Joghurt und Frischkäse werden nach dem Auftauen etwas grieselig. Deshalb sind sie aber nicht schlecht! Wenn dich die Konsistenz stört, verwende sie zum Kochen und Backen.

TROCKNEN

Beim Trocknen wird den Lebensmitteln Wasser entzogen, wodurch sie haltbar gemacht werden. Rosinen, Apfelringe, getrocknete Feigen sowie Tomaten sind wohl die bekanntesten Trockenprodukte. Dörren klappt auch bei dir zu Hause im Backofen.

HOW TO: APFELCHIPS SELBER MACHEN

- Die Äpfel waschen und angeschlagene Stellen entfernen. Die Früchte dann entkernen und in sehr dünne Scheiben schneiden.
- Die Scheiben mit etwas Abstand auf ein mit Backpapier belegtes Blech legen.
- Im Backofen bei 60 °C etwa 8 Std. trocknen. Dabei einen Kochlöffel in die Backofentür klemmen, damit die Feuchtigkeit entweichen kann.
- Die getrockneten Apfelchips in einer luftdichten Verpackung aufbewahren.

Wenn du öfter dörren möchtest, lohnt es sich, über ein Dörrgerät nachzudenken. Das spart Strom und vereinfacht den Dörrprozess. Es geht aber auch ohne Strom: Kräuter wie Thymian, Rosmarin, Salbei, Oregano und Majoran kannst du wunderbar an der Luft trocknen. Dafür binde ich die Kräuter zu einem Bündel und hänge sie kopfüber in der Küche auf. Nach 24–48 Stunden sind sie trocken und können in luftdichten Gläser verstaut werden. Getrocknete Lebensmittel sollten maximal 12 Monate gelagert werden. Danach gehen Geschmack und Aroma verloren.

EINLEGEN UND EINKOCHEN

Vor dem Zeitalter der Tiefkühltruhen wurden Lebensmittel auch durch Einlegen, Einkochen und auch Fermentieren haltbar gemacht. Dies geschah vor allem im ertragreichen Sommer und Herbst, um im Winter versorgt zu sein. Heute sind wir auf diese Rhythmen nicht mehr angewiesen. Trotzdem können wir sie uns zunutze machen. Da diese Konservierungsmethoden etwas aufwendiger sind und auch Erfahrung brauchen, werde ich in diesem Buch nicht detailliert darauf eingehen. Wenn dich die Lust packt, mehr darüber zu erfahren, findest du weiterführende Literaturempfehlungen auf Seite 186.

Auf Sauberkeit achten

Bevor du beginnst, stelle sicher, dass dein Equipment wirklich sauber ist. Optimal wäre, wenn es steril ist, um Schimmelbildung vorzubeugen. Dafür Gläser, Deckel, Gummiringe und Klammern in einem Topf mit Wasser bedecken, aufkochen und 10 Minuten kochen lassen. Danach die Gläser mit einer sauberen Nudelzange herausnehmen und vor dem Befüllen auf Zimmertemperatur abkühlen lassen.

Einlegen in Öl, Essig, Alkohol oder Lake

Einlegen bedeutet, Lebensmittel haltbar zu machen, indem sie mit konservierenden Flüssigkeiten wie Essig, Öl, Alkohol oder Salzlake übergossen werden. Allerdings reicht das allein für das Haltbarmachen nicht aus. Damit das Einlegegut ungekühlt mehrere Monate hält, muss es zusätzlich gezuckert, gesalzen oder eingekocht werden. Das Bundesinstitut für Risikobewertung rät daher davon ab, im Privathaushalt in Öl eingelegtes Gemüse als langfristigen Vorrat herzustellen. Wenn du gerne Antipasti selber machen

Das Ritsch, Ratsch des Gemüsehobels hat fast schon eine meditative Wirkung auf mein Gehirn. Ein, zwei Kohlköpfe zu hobeln ist noch dazu ein kleines Arm-Workout!

Das musst du probieren: Frisches, selbst gemachtes Sauerkraut ist einfach wahnsinnig aromatisch.

möchtest, sollten sie (ohne zusätzliches Erhitzen) maximal 2 Wochen im Kühlschrank gelagert werden.

Einkochen

Durch (korrektes) Einkochen können Lebensmittel zum Teil jahrelang haltbar gemacht werden. Meine Oma hat früher Birnen und Kirschen von unseren Bäumen geerntet und dann eingeweckt. Ich sehe noch heute die aufgereihten Gläser vor mir, die nach dem Einkochen im Keller lagerten. Richtig eingekocht habe ich selbst noch nie. Damit möchte ich dir zeigen, dass eine nachhaltige Ernährung auch möglich ist, ohne das Klischee der Obst einweckenden oder Kraut stampfenden Oma zu bedienen.
Wenn wir übers Einkochen sprechen, müssen wir auch über Botulismus sprechen. Das ist eine seltene Lebensmittelvergiftung, die lebensgefährlich sein kann. Diese wird durch das Bakterium Clostridium Botulinum verursacht, das sich unter Luftabschluss vermehrt - am besten in säurearmen und eiweißreichen Lebensmitteln. Deshalb ist beim Einkochen von Gemüse besondere Sorgfalt geboten. Bitte informiere dich sorgfältig beim Bundesinstitut für Risikobewertung oder in meinen Literaturempfehlungen, bevor du deine ersten Einkochversuche startest.

FERMENTIEREN

Die uralte Methode der Fermentation wurde in den letzten Jahren wieder richtig hip. Unter Fermentieren versteht man das milchsaure Vergären von Nahrungsmitteln. Durch die Milchsäuregärung sinkt der pH-Wert im Lebensmittel ab. In diesem sauren Milieu können sich Mikroorganismen nicht gut vermehren, und das Lebensmittel wird haltbar. Das wohl bekannteste fermentierte Lebensmittel in Deutschland ist Sauerkraut. Um es richtig lange haltbar zu machen, wird es in den meisten Fällen zusätzlich pasteurisiert, also ultrahocherhitzt. Frisches Sauerkraut mit gesunden Milchsäurebakterien findest du im Kühlregal deines Bioladens oder du machst dir dein Sauerkraut einfach mal selber. Das ist zwar etwas zeitaufwendig, aber auch für Einsteiger gut geeignet. Für den Fermentationsstart benutzt du am besten Bügelgläser mit Gummiring oder Weckgläser mit Deckel, Gummi und Verschlussklammern.

HOW TO: SAUERKRAUT SELBER MACHEN

- Einen Kopf Weißkohl mit einem Messer oder Hobel in feine Streifen schneiden.
- Den geschnittenen Kohl mit 1 EL Salz pro Kilogramm in eine große Schüssel geben und richtig gut durchkneten.
- Nach mindestens 10 Min. wird der Kohl weich und es tritt Flüssigkeit aus. Jetzt den Kohl samt Saft in die sauberen Gläser geben und gut festdrücken. Wichtig ist, dass der Kohl vollständig mit Flüssigkeit bedeckt ist - dabei können kleine Gewichte helfen.
- Die Gläser verschließen und bei Zimmertemperatur an einem dunklen Ort fermentieren lassen. Am besten eine Auflaufform als Unterlage benutzen, da Flüssigkeit austreten kann.
- Je nach Geschmack ist das Sauerkraut nach 5–14 Tagen fertig. Täglich probieren und zudem kontrollieren, ob das Kraut immer gut mit Flüssigkeit bedeckt ist.
- Wenn der gewünschte Geschmack erreicht ist, das Glas mit dem Kraut in den Kühlschrank stellen. Durch die Kälte werden die Milchsäurebakterien inaktiv und der Gärprozess stoppt. Das fertige Sauerkraut innerhalb von 2 Wochen aufbrauchen.

VORRÄTE ORDNEN UND ORGANISIEREN

Tschüss Küchenchaos, hallo Aufgeräumtheit! Ordnung ist auch in der Küche die halbe Miete. Wenn du weißt, welche Lebensmittel du vorrätig hast, wo sie stehen und was du daraus zaubern kannst, wird deine Küche zur Wohlfühloase. Das verspreche ich dir!

Wo und wie du deine Vorräte lagerst, bleibt natürlich dir überlassen. Das Wichtigste ist, dass du den Überblick behältst und deine Lebensmittel nicht verderben.

Wie schon beim Küchenequipment so gilt auch bei den Vorräten: Wir arbeiten mit dem, was wir haben. Natürlich kannst du dir einheitliche Vorratsdosen zulegen. Eine organisierte Küche bekommst du aber auch ohne einen solchen glatt gebügelten Einheitslook. Wenn es darum geht, in welchen Schränken und Regalen du welche Vorräte am besten aufbewahrst, stelle dir vorab folgende Fragen: Was benutze ich oft? Was vielleicht sogar täglich? Welche Produkte brauche ich eher selten?

Täglich verwendete Lebensmittel sollten in der Küche immer griffbereit stehen. Mein Müsli, das ich jeden Morgen frühstücke, steht bei mir ganz vorne im Regal. Streusel zum Backen benötige ich nur selten. Sie dürfen ruhig weiter nach hinten bzw. unten ins Vorratsregal rutschen. In meiner aktuellen Küche habe ich alle Vorräte in zwei Regalen. In meiner vorherigen Wohnung hatte ich eine Speisekammer – deshalb standen nur die täglich genutzten Lebensmittel in der Küche und alles andere lagerte separat.

KATEGORIEN BILDEN

Ich ordne meine Trockenvorräte gerne nach Kategorien. So kann ich mich am besten orientieren und den Überblick behalten. Jede Kategorie bekommt eine Box bzw. ein Fach in meinem Regal. So ist mein offenes Regal gleich viel übersichtlicher. Ein weiterer Vorteil: Ich kann immer die komplette Kiste herausnehmen und sehe auf Anhieb, was drinnen ist, ohne das ganze Regal zu verwüsten. Natürlich kannst du deine Vorräte auch kategorisieren, ohne sie in Kisten zu lagern. Zum Beispiel kann auch eine Schublade eine Kategorie sein. Meine Kategorien sind:

- Gewürze
- Öle und Essige

- Nudeln
- Getreide und Pseudogetreide (Reis, Couscous, Dinkel zum Kochen, Bulgur, Buchweizen)
- Konserven
- Süßigkeiten
- Backzutaten
- Frühstück (Müsli, Haferflocken, Cornflakes, Leinsamen)
- Tee, Kaffee und Kakao
- (Halb-)Fertigprodukte
- Nussmus und süße Aufstriche
- Konfitüren

VORRÄTE BESCHRIFTEN – NÜTZLICH ODER UNNÖTIG?

Mir macht es total Spaß, Boxen, Gläser und Regalfächer mit einem Etikettiergerät zu beschriften. Aber ist das nicht zu viel Müll? Ja, über die Nachhaltigkeit lässt sich streiten. Was für manche ein No-Go ist, erachte ich als sinnvoll, um Lebensmittel vor dem Abfalleimer zu bewahren. Mir ging es nicht selten so, dass ich nach einigen Wochen nicht mehr wusste, was ich in die Gläser gefüllt hatte. Ist das jetzt helles Weizenmehl, Stärke, Reismehl oder Backpulver? Da hat mir auch der Geschmackstest nicht weitergeholfen. Wenn es dir Spaß macht, dann etikettiere deine Vorräte gerne nach Lust und Laune. Zero-Waste-Tipp: Gläser kannst du auch mit einem wasserlöslichen Kreidestift beschriften.

REGELMÄSSIGE INVENTUR DER VORRÄTE

Vorräte zu Hause zu haben, ist grundsätzlich etwas Positives. Denn niemand will jeden Tag einkaufen gehen. Außerdem sind die Geschäfte an Sonn- und Feiertagen ohnehin geschlossen. Die Kunst ist es, nicht zu viel und nicht zu wenig Vorräte anzulegen. Die Krux dabei: Wir kaufen eine Packung Mehl, öffnen sie und stellen sie auf die Schnelle in den Vorratsschrank. Bis wir wieder Mehl brauchen, haben wir die Packung, die auf den ersten Blick nicht sichtbar ist, vergessen und kaufen eine neue.

Um das zu verhindern, ist es superhilfreich, seine Vorräte klar zu ordnen und zu strukturieren. Darüber hinaus empfehle ich, regelmäßig eine Inventur der Vorräte zu machen, um Regalhüter zu vermeiden. Das heißt, einmal alle Vorräte durchschauen, aussortieren

Damit ich umgefülltes Mehl später wieder identifizieren kann, beschrifte ich die Behälter mit einem Etikettiergerät.

und zu Protokoll zu bringen, was verbraucht werden muss. Dieses Protokoll kannst du auf einem Blatt Papier, in einer Notiz-App oder auf einer Pinnwand bzw. Tafel erstellen.

MEINE VORRATSTAFEL

Die Tafel hilft mir, meine Vorräte noch besser im Blick zu haben und gibt mir Inspirationen, was ich kochen könnte. Eine gigantische Gedankenstütze für meinen Alltag! Eigentlich habe ich sie als Magnettafel gekauft, bin dann aber auf die Idee gekommen, sie mit einem Kreidestift zu beschriften. In den Sektoren Tiefkühl, Kühl, Trocken und Aufbrauchen notiere ich wöchentlich die Lebensmittel, die demnächst bzw. bald aufgebraucht werden sollten und gerade nicht gekauft werden müssen. Also quasi ein umgekehrter Einkaufszettel. Ein echter Gamechanger war es, auch den Inhalt meines Tiefkühlfaches zu notieren. Dadurch brauche ich regelmäßig Tiefgekühltes auf und habe immer genügend Platz, um Frisches einzufrieren und haltbar zu machen. Auch hier gilt: Probiere aus und schaue, was dir Spaß macht. Denn nur mit Freude wirst du neue Gewohnheiten auch beibehalten. Mir macht es richtig viel Spaß, die Tafel zu beschriften. Vielleicht hast du aber mehr Freude an der Dokumentation in einer Notiz-App.

Täglich in Gebrauch: Mit meiner Vorratstafel behalte ich stets den Überblick über meine Lebensmittel.

IMMER GUT, AUF VORRAT ZU HABEN

Du brauchst eine grobe Übersicht, welche Vorräte Sinn machen? Die bekommst du! Unten findest du eine Liste mit Lebensmitteln, die ich immer im Regal stehen habe. Die bevorratete Menge hängt natürlich von der Anzahl an Personen ab, die im Haushalt leben oder versorgt werden.

Vorrats-Plus: Ich habe immer ein paar Konserven mit Fertiggerichten aus dem Bioladen zu Hause. Die haben mich schon während so manchem grippalen Infekt gerettet, als ich keine Kraft zum Kochen und Einkaufen hatte.

Um dir zu zeigen, dass »aus dem Vorrat kochen« wirklich funktioniert, gebe ich dir einen kleinen Vorgeschmack auf die Rezepte. Für viele braucht es wirklich nur die in der Tabelle unten genannten Vorräte, die wirklich lange haltbar sind. Wenn also am nächsten Sonn- oder Feiertag wieder mal gähnende Leere in deinem Kühlschrank herrscht, bist du damit auf jeden Fall gewappnet.

- Hummus
  Zutaten: Kichererbsen, Tahin, Zitronensaft, Knoblauchgranulat, Kreuzkümmel, Salz, Pfeffer
  Die genaue Zubereitung findest du auf Seite 88.
- Brot
  Zutaten: Mehl, Hefe, Salz
  Das Rezept für mein einfachstes Brot der Welt findest du auf Seite 173.
- Knuspermüsli
  Zutaten: Haferflocken, Sonnenblumenkerne, Kürbiskerne, Nüsse, Honig, Salz
  Wie du mit diesen simplen Zutaten dein neues Lieblingsgranola bäckst, erfährst du auf Seite 172.
- Mayonnaise
  Zutaten: Nussmus, Essiggurkensud
  Das Rezept für die wohl einfachste Mayo mit Zero-Waste-Charakter findest du auf Seite 126.
- Nussmus
  Zutaten: Nüsse, Salz
  Dieses Must-have im Vorratsregal kannst du auch ganz einfach selbst machen. Wie das geht, erkläre ich auf Seite 135.
- Mousse au Chocolat
  Zutaten: Schokolade, Aquafaba (Abtropfwasser von Kichererbsen), Zucker, Speisestärke
  Ob du es glaubst oder nicht, sogar ein cremiges Schokodessert versteckt sich in deinen Vorräten! Das Rezept dafür findest du auf Seite 138.

SINNVOLLE VORRÄTE	
Trockenvorräte	Nudeln, Reis, Couscous, Bulgur, Kichererbsen, Mehl, Speisestärke, Semmelbrösel, Backpulver, Trockenhefe, Haferflocken, Zucker, Nüsse, Kürbiskerne, Sonnenblumenkerne, Kaffee, Tee, Kakaopulver, Schokolade, Salz, Pfeffer, Paprikapulver, Currypulver, Knoblauchgranulat, Kreuzkümmel, Würzhefeflocken, Vanille, Zimt
Konserven/Gläser	Kichererbsen, Kidneybohnen, Sauerkraut, Rotkohl, Apfelmark, Essiggurken, Nussmus, Tahin, Honig, passierte Tomaten, stückige Tomaten, Tomatenmark, Ketchup, Senf, Fertigsaucen, Aufstriche
Flüssige Vorräte	Essig, Öl, Sojasauce, Zitronensaft

Zum Aufbewahren von Mehlen und Müsli nutze ich Schraubgläser, Gläser mit Bügelverschluss und Weckgläser. So sehe ich sofort den Inhalt, und die Lebensmittel sind vor Feuchtigkeit und Motten geschützt.

Trockene Vorräte kaufe ich auch gerne im Unverpacktladen. Um nicht zu schwer zu schleppen, verwende ich Papiertüten oder Stoffbeutel. Zu Hause fülle ich die Einkäufe dann in Gläser oder Dosen um.

ROUTINEN FINDEN UND ETABLIEREN

Jetzt geht es los! Deine Küche bekommt ein Makeover, das sich sehen lassen kann. Mit einer Schritt-für-Schritt-Anleitung gebe ich dir Starthilfe in deine neue Küchenroutine und zeige dir, wie ich meine Abläufe strukturiere.

Diesen Besteckkasten habe ich auf einem Feld meines Papas gefunden. Wie auch immer er dort hingekommen ist, ich habe ihn gründlich gereinigt und wieder verwendet.

SO MACHST DU DEN ANFANG

Wie fange ich nur an? Das ist die Frage aller Fragen. Ob die Krimskrams-Schublade, der vollgestopfte Vorratsschrank oder das verstaubte Gewürzregal - von »Da müsste mal von Grund auf Ordnung rein«-Ecken haben wir alle mehr als genug.
Als Startschuss in deine neue, nachhaltige Küchenorganisation habe ich eine entspannte 4-Wochen-Challenge entworfen. Entspannt deshalb, weil spontane Hauruckaktionen meist in Überforderung enden und die Anfangsmotivation kaputt machen. So ist es jedenfalls bei mir. Lieber langsam und langfristig Strukturen schaffen. Nutze also wirklich die komplette Woche für die einzelnen Aufgaben. Die Küchen-Challenge kannst du immer wieder machen, wenn du die Resettaste drücken möchtest oder sich deine äußeren Umstände durch Umzug oder Jobwechsel ändern. Also, legen wir los!

Woche 1: Schubladen

Um die Motivation mit kleinen Erfolgsmomenten zu steigern, starten wir in der ersten Woche mit den Schubladen von Küche, Vorratskammer oder Keller. Dabei entscheidest du, welche Schubladen für deinen Koch- und Küchenalltag wichtig sind.
So geht's: Alle Schubladen komplett ausräumen, auswischen, aussortieren und den Inhalt einmal ordnen. Was nicht mehr gebraucht wird, zunächst in einer Box sammeln.

Woche 2: Küchenhelfer

In der zweiten Woche kümmerst du dich um deine Küchenhelfer, also um Töpfe, Pfannen, Dosen, Gläser, Backformen ... Was benutzt du wirklich? Hat etwas ausgedient? Auch hier gilt: Alles ausräumen, ordnen, sortieren, Schränke sauber machen und wieder ordentlich einräumen.

Tipp: Nimm dir meine Grundausstattung von Seite 34 als Muster. Wenn dir Equipment fehlt, schreibe es auf einen Zettel und lege ihn in die Box mit den aussortierten Teilen.

Woche 3: Vorräte

Jetzt darfst du die Inventur machen, von der ich dir schon so viel erzählt habe. Nimm dir am besten ein Regal nach dem anderen vor. Die Schritte:

1. Ausräumen und Regalfach sauber machen.
2. Haltbarkeit der vorhandenen Lebensmittel checken (Seite 60f).
3. Aussortieren, was nicht schmeckt oder im Übermaß vorhanden ist.
4. Vorräte ordnen und wieder ins Regal räumen (Seite 44).
5. Notieren, welche Lebensmittel bald aufgebraucht werden müssen.

Woche 4: Kühlschrank und Gefrierfach

Wer es ebenfalls hasst, den Kühlschrank sauber zu machen, hebt jetzt die Hand. Danke, du kannst den Arm jetzt wieder runternehmen. Ich drücke mich immer so lange wie möglich vor dem Putzen des Kühlschranks. Wenn ich mich dann überwinde, ist es viel schneller erledigt als gedacht. Deshalb schnappen wir uns jetzt einen Putzlappen und wischen einmal den Kühlschrank durch. Dafür müssen wir ihn zwangsläufig ausräumen und können bei dieser Gelegenheit auch gleich den Inhalt sortieren. Auch im Kühlschrank können Kategorien und Boxen helfen, besser den Überblick zu behalten.
Jetzt befindest du dich schon auf der Zielgeraden. Dein letztes »Hindernis« ist das Gefrierfach. Wie beim Kühlschrank heißt es auch hier: ausräumen, sauber machen, ordnen und wieder einräumen. Bei der Gelegenheit kannst du gleich mal schauen, was schon länger eingefroren ist und aufgebraucht werden muss. Auch das Abtauen nicht vergessen!

Ziel erreicht!

Wuhu! Herzlichen Glückwunsch, du hast es geschafft! Fühlt sich doch jetzt gleich viel besser an, in der Küche zu stehen - habe ich recht? Nachdem du dir wohlverdient auf die Schulter geklopft hast, werfen wir nochmal einen Blick in die Aussortiert-Kiste. Gehe die einzelnen Teile und Lebensmittel nochmal durch und überlege in Ruhe, was du behalten möchtest und was nicht. Wirf auch einen Blick auf den Zettel mit Küchenhelfern, die dir noch fehlen.

Pause machen nicht vergessen! Mach dir zwischendurch einen Kaffee und gönne dir eine kleine Stärkung.

Benötigst du sie wirklich, dann besorge sie. Aussortierte Küchenhelfer kannst du verkaufen oder verschenken. Genießbare Lebensmittel, die du nicht brauchst oder die dir nicht schmecken, kannst du ebenfalls verschenken.

(M)EINE PERFEKTE KÜCHENROUTINE UND WIE DU SIE FINDEST

Wie gelingt eine (neue) Routine? Aus wissenschaftlicher Sicht dauert es im Schnitt 66 Tage, um neue Gewohnheiten zu etablieren und zur Routine zu machen. So streng würde ich das aber nicht sehen. Meiner Meinung nach kommt es vor allem auf die Motivation an und wie gut Abläufe in den Alltag passen.

Fahrplan für deine Küchenroutine

Vorräte

Bei der Frage »Was gibt es zu essen?« beginne ich nicht beim Einkauf, sondern bei meinen Vorräten. Das verhindert, dass sich zu viele Lebensmittel ansammeln und möglicherweise verderben. Ich werfe also zuerst einmal einen Blick auf meine Trockenvorräte, in den Kühlschrank und ins Tiefkühlfach bzw. auf meine Vorratstafel. Auf dieser Grundlage überlege ich dann, was ich die nächsten Tage kochen und essen werde. Dazu gehört auch, dass ich das Mindesthaltbarkeitsdatum (MHD) auf der Umverpackung richtig verstehe. Wie du damit umgehst, erkläre ich dir auf Seite 61. Springe also gerne gleich dorthin.

Inventur

Was im Kühlschrank ist, ändert sich ja relativ schnell. Deshalb mache ich einmal pro Woche Inventur und prüfe, was noch da ist und ob ich etwas vergessen habe. Das Tiefkühlfach schaue ich etwa einmal im Monat durch. Bei den Trockenprodukten reicht es normalerweise, wenn du zweimal im Jahr eine Grundinventur machst. Die Boxen, die ich nicht so oft verwende, schaue ich einmal im Quartal durch. Wie gesagt: Das ist kein strikter Plan, den du abzuarbeiten hast, sondern lediglich ein Richtwert.

Wochenpläne

Es gibt viele Möglichkeiten, seine alltägliche Ernährung zu gestalten: völlig spontan essen, Hauptmahlzeiten vorkochen, jede Mahlzeit genau vorausplanen. Ich würde mich in dieser Hinsicht als kreative Chaotin mit Plan beschreiben. Für mich funktioniert es super, mir am Sonntag sieben Hauptmahlzeiten für die kommende Woche zu überlegen. Da ich immer gerne nach Appetit esse, kann ich so jeden Tag spontan entscheiden, was ich aus der Mahlzeitenliste koche. Ich prüfe dann, was ich für dieses Gericht noch benötige und schreibe mir einen Einkaufszettel. Meistens koche ich am Abend. Mittags gibt es dann Reste vom Vortag, etwas aus den Vorräten oder auch einfach eine Brotzeit. Da ich im Homeoffice arbeite, kann ich das recht flexibel gestalten. Es würde anders aussehen, wenn ich den ganzen Tag im Büro wäre. Frühstück plane ich nicht, da es meistens Müsli gibt.

Auch wann und auf welche Art und Weise du deine Mahlzeiten zubereitest, bleibt komplett dir überlassen. Du nimmst dir gerne täglich die Zeit, um frisch zu kochen? Super! Du hast Lust darauf, dich am Sonntag für 2 Stunden in die Küche zu stellen und alle Gerichte für die kommende Woche vorzukochen? Prima! Du kochst gerne eine riesige Portion und isst dann die halbe Woche davon? Go for it!
Manchmal plane ich auch zwei bis drei Gerichte mit einer einzigen Basic-Zutat. Das spart nicht nur Zeit bei der Zubereitung, sondern vermeidet auch lästige Reste im Kühlschrank. So koche ich zum Beispiel Anfang der Woche eine Packung Hirse vor und lagere sie im Kühlschrank. Aus der gekochten Hirse entstehen dann beispielsweise Hirsetaler (Seite 163), Hirsesalat (Seite 132) und Hirse als Beilage zu Sellerieschnitzeln (Seite 111).

BEISPIEL FÜR EINE WÖCHENTLICHE MAHLZEITENLISTE →	DAFÜR AUS VORRÄTEN AUFBRAUCHEN →	DARAUS RESULTIERENDE EINKAUFSLISTE
• Schupfnudeln mit Veggie-Hacksauce • Kürbissuppe • Brotzeit • Nudeln mit Kohlrabisauce • Rührei mit Spinat • Knödel mit Pilzsauce • Ofengemüse mit Hummus	• Veggie-Hacksauce aus dem Tiefkühlschrank • Kürbis • offene Aufstriche • Nudeln • Eier • Fertigmischung für Knödel • Gemüsereste	• Schupfnudeln • Frischkäse • Veggie-Aufschnitt • Zwiebeln • Kohlrabi • Spinat • Champignons • Kichererbsen • Zitronensaft • Brot

Dir sind variable Mahlzeiten zu vage? Dann passt vielleicht ein fester Speiseplan besser zu dir:

	MONTAG	DIENSTAG	MITTWOCH	DONNERSTAG	FREITAG	SAMSTAG	SONNTAG
Frühstück	Müsli	Smoothie	Brot	Cornflakes	Croissant	Pancakes	Brunch
Mittag	Antipasti-Sandwich	Reste von Montag	Kantine	Reste von Mittwoch	Reste von Donnerstag	Nudeln mit Kohlrabi	Brunch
Abend	Schupfnudeln	Kürbissuppe	Rührei und Spinat	Ofengemüse	Lieferdienst	Restaurant	Pizza
Snack	Apfel, Nüsse	Kuchen	Müsli	Butterbreze	Chips	Eis	Krapfen

Egal ob auf dem Handy oder auf Papier – wir feiern das Revival des unterschätzten Einkaufszettels!

Einkauf

Mit dem Einkaufszettel geht es in den Supermarkt. Wo, wie, wann und wie oft du einkaufen gehst, liegt ganz bei dir. Ob morgens einkaufen, am Samstag auf den Markt gehen und beim Lieblingsbäcker das Wochenende mit Cappuccino und Croissant einläuten, mehrere kleine Einkäufe oder ein großer Wocheneinkauf – Lebensmittel zu besorgen hat viele Facetten. Ich habe seit gut 1 Jahr eine Ökokiste abonniert, die mich wöchentlich mit frischem, saisonalem Biogemüse aus der Region beliefert. Das hilft mir sehr bei der Auswahl meiner Wochengerichte. Zusätzlich befinden sich in der Kiste auch saisonale Rezepte, und ich kann auch andere Lebensmittel mitbestellen. Ökokisten in deiner Region findest du auf www.oekokiste.de. Auch wenn ich eine große Verfechterin davon bin, grundsätzlich mehr Geld für Essen auszugeben, verschließe ich meine Augen nicht davor, dass das teilweise nur begrenzt möglich ist. Für mich ist es wichtig, dass eine nachhaltige Ernährung niemanden ausschließt. Ich erinnere an das fehlerhafte System, in dem wir stecken. Ob Bioladen, Bauernhof, Unverpacktladen, Markt, Supermarkt oder Discounter – wo du einkaufen kannst und willst, kannst nur du für dich entscheiden.

Ich hab's auf dem Zettel!

Wirklich? Ich habe mich schon oft dabei ertappt, dass ich dachte, ich hätte alle meine Einkaufsposten im Kopf. Denkste! Eine kleine Aufgabe für dich: Schreibe diese Woche konsequent Einkaufslisten, egal ob auf Papier oder auf dem Handy. Am besten ist es, die Liste fortlaufend zu führen. Ist die Ketchupflasche leer, kommt sie auf die Liste. WGs, Paare oder Familien können mit Apps gemeinsam eine Einkaufsliste führen. So wird nichts doppelt gekauft und nichts vergessen. Anstatt alles kreuz und quer auf den Zettel zu schreiben, ist es von Vorteil, Kategorien zu bilden. Zuerst kommt also alles an Obst und Gemüse, dann Trockenprodukte, gefolgt von Kühlwaren und zuletzt die Getränke. Jeder Supermarkt ist nämlich im Grunde ähnlich aufgebaut.

Wie viel kann ich essen?

Bekanntlich sind es ja die Impulskäufe, die entweder in der hintersten Ecke des Vorratsschranks landen oder einfach nicht gegessen werden können, bevor sie verderben. Ja ich weiß, das ist in der Theorie so einfach gesagt. Ich persönlich gehe wahnsinnig gerne einkaufen und lasse mich auch gerne vom aktuellen Angebot leiten. Deshalb habe ich immer einen Joker. Das heißt, dass ich pro Einkauf ein Produkt kaufen kann, das ich noch nicht kenne oder das nicht auf meiner Einkaufsliste steht. Und auch hier gebe ich ganz ehrlich zu, dass mein Joker-Prinzip mal mehr, mal weniger gut funktioniert. Was ich aber immer mache: Ich frage mich, ob ich das Produkt wirklich aufessen werde, bevor es verdirbt. Kann ich die Frage nicht mit einem klaren Ja beantworten, kaufe ich es nicht. Nach dem Einkauf solltest du immer auf dem

> Bei jedem Einkauf habe ich einen Joker. Das bedeutet, dass ein Produkt auch spontan im Korb landen darf, obwohl es nicht auf der Einkaufsliste steht.

schnellsten Weg nach Hause gehen und die Einkäufe korrekt verstauen - besonders an warmen Tagen.

Kochen, zubereiten und essen

Last but not least: das Zubereiten und Verwerten der Lebensmittel. Im Alltag soll es meist schnell gehen - da geht es mir nicht anders. Dafür nutze ich dann die Zeit in der Küche so effektiv wie möglich. Wenn ich koche, bereite ich meistens mehr Portionen zu als danach gegessen werden. Mit diesem Trick habe ich automatisch ein Essen für den nächsten Tag parat oder einen Vorrat für Notfälle im Tiefkühlschrank. Das muss nicht immer ein ganzes Gericht sein. Aus einer Packung Nudeln machst du beispielsweise mit einer Hälfte Pasta mit Sauce und mit der anderen Hälfte einen Nudelauflauf.

Ein großer Teil meiner Küchenphilosophie hat zum Inhalt, Lebensmittel restlos zu #fairwerten und Unperfektes aufzufrischen. Was das genau bedeutet, erfährst du im nächsten Kapitel. Wenn Reste übrigbleiben, kommen sie kurzfristig in den Kühlschrank oder längerfristig ins Tiefkühlfach. Und dann geht meine Routine wieder von vorne los.

QUICK-TIPPS FÜR DEINE ROUTINE

- Stelle neu gekaufte Lebensmittel immer nach hinten. So verbrauchst du automatisch erst das, was noch vorhanden ist.
- Vermeide es, hungrig einkaufen zu gehen.
- Schreibe dir vor dem Einkauf eine genaue Einkaufsliste. Das vermindert Spontankäufe.
- Erkundige dich, wo es in deiner Nähe Bioläden, Märkte, Bauernhöfe oder andere Direktvermarkter gibt.
- Lege eine Sammlung deiner Lieblingsrezepte an.
- Mut zur Zutatenlücke - spezielle Zutaten für ein einziges Rezept zu kaufen macht nicht immer Sinn. Ideen, wie du solche Zutaten ersetzen kannst, findest du in der Zutaten-Tauschbörse (Seite 182).

Bist du schon einmal nur nach Saisonkalender einkaufen gegangen? Nicht so häufig genutzte Gemüsesorten sorgen für eine tolle Abwechslung in deiner Küche.

MINI-CHALLENGES FÜR DEN ALLTAG

Langweilig ist es bei mir nie. Wenn du gerade in einem Motivationsloch steckst oder es mit den Routinen nicht so recht klappt, teste doch einfach mal eine meiner Mini-Challenges.

Ob ich Herausforderungen liebe? Vielleicht. Was ich sicherlich mag, ist Abwechslung. Deshalb denke ich mir immer wieder neue Challenges rund um die Organisation meiner Küche aus.

Auf diese kannst du immer zurückgreifen, um wieder neuen Schwung zu bekommen. Fordere doch mal deine Freunde mit einer Challenge heraus - gemeinsam macht sie immer mehr Spaß!

Meine persönliche Challenge ist es, immer wieder Gerichte von meiner Oma nachzukochen. Selbst gemachte Schupfnudeln beherrsche ich mittlerweile gut.

Endlich einmal die Vorräte verbrauchen, die schon ewig im Regal stehen, z. B. als Knödel mit Mandelfüllung.

JEDE WOCHE EINEN REGALHÜTER WENIGER

Wir alle haben Vorräte, die wir irgendwie nicht wegbekommen. Um auch solche Regalhüter zu verbrauchen, nehme ich mir wöchentlich einen aus dem Regal und platziere ihn so in der Küche, dass ich ihn mehrmals täglich sehe, zum Beispiel neben der Kaffeemaschine. Meistens nervt es mich bis Mitte der Woche so sehr, dass ich nach Rezepten suche, um den Regalhüter endlich zu verwerten.

EINE WOCHE NUR VON VORRÄTEN LEBEN

»Use up, don't buy« – das war meine allererste Challenge, die ich vor etwa 6 Jahren auf Instagram gestartet habe. Dabei ging es darum, sich eine Woche lang nur von seinen Vorräten zu ernähren – frisches Obst und Gemüse darf gekauft werden. Das war ein großer Aha-Moment. Es ist wirklich der Wahnsinn, wie viel Essen noch zu Hause ist, wenn man das Gefühl hat, eigentlich nichts mehr zu essen da zu haben. In abgespeckter Form kannst du die Challenge auch über das Wochenende machen oder einfach mal für einen Tag ausprobieren.

ÜBRIGES ESSEN VERTEILEN

Du hast nach einer Feier noch viel Kuchen im Kühlschrank, aber keine Möglichkeit, ihn aufzuessen oder einzufrieren? Dann klingele doch mal bei deinen Nachbarn und biete ihnen ein paar Stückchen an. Ich bin mir ziemlich sicher, dass sie sich freuen werden. Ich pflege mit meinen Nachbarn ein aktives Tauschgeschäft. Äpfel gegen Schokokuchen, Kaki gegen Plätzchen und Walnüsse gegen Lauch. Da geht mir einfach das Herz auf. Alternativ kannst du Reste auf Nachbarschaftsportalen, in lokalen Facebook-Gruppen oder deinen Arbeitskollegen anbieten. Hier finden sich immer dankbare Abnehmer!

Diese Kakis haben mir meine Nachbarn aus dem Italienurlaub mitgebracht. Sie hatten dort gerade Saison.

FAIRWERTEN STATT WEGWERFEN

Tschüss makellos geformte Einheitsware, hallo unperfekte Nahrungsmittel mit Charakter.

JEDES LEBENSMITTEL IST ES WERT, GEGESSEN ZU WERDEN

Aufessen, auffrischen, aufpeppen – Verschwendung zu vermeiden, kann so einfach sein. Ich zeige dir, wie das in der Praxis funktioniert.

Es war 2019 und ich arbeitete neben meiner angehenden Selbständigkeit als Bloggerin in einem schnuckeligen Bioladen in der Regensburger Altstadt. Aussortiertes Obst und Gemüse, das nicht mehr verkauft werden konnte, nahm dann immer ich mit nach Hause, verwertete es und postete meine köstlichen Resultate mit einem Vorher-Nachher-Vergleich auf Instagram. Meine Kreationen sammelte ich unter dem Hashtag #fairwerten - abgeleitet von »verwerten«. Ich empfand es nämlich als gar nicht fair, Bananen auszusortieren, weil sie schon sehr reif waren, Radieschen wegzuwerfen, weil sie etwas verschrumpelt waren, oder Äpfel zu verschmähen, weil sie kleine braune Stellen hatten. Mit meiner Wortneuschöpfung fairwerten begeisterte ich meine Followerschaft so sehr, dass immer mehr Menschen ihre fairwerten-Kreationen auf Instagram teilten - mittlerweile sind es Tausende. Um besser erklären zu können, was fairwerten bedeutet, habe ich damals eine Art Wörterbucheintrag verfasst.

fair|wer|ten
(Verb gegen Lebensmittelverschwendung)

1. Wertschätzend mit Essen umgehen
2. Lebensmittel mit Makeln verarbeiten
3. Verschwendung durch Aufessen, Auffrischen oder Aufpeppen vermeiden

Sogar Kohlrabiblätter lassen sich auf viele Arten köstlich fairwerten. Wie genau erfährst du ab Seite 78.

Fairwerten ist also mein Schlagwort - mein Freund würde sagen, mein Kampfschrei - für mehr Wertschätzung und weniger Verschwendung. In meinen Augen ist es jedes Lebensmittel wert, gegessen zu werden. Denn hinter jedem Produkt stehen Menschen, Ressourcen und Arbeit.

AUFESSEN

Die wohl einfachste Methode, nichts wegzuwerfen, ist es, alles aufzuessen. Das soll aber nicht heißen, dass du über deine Sättigung hinaus essen sollst. Ich bin die Letzte, die dir sagen wird: »Du darfst erst aufstehen, wenn du deinen Teller aufgegessen hast.« Aufgegessen werden können die Nudeln auch noch später beim Abendessen oder am nächsten Tag. Es geht vielmehr darum, die Reste aufzuheben und sie dann nicht zu vergessen.

AUFFRISCHEN

Der Salat ist etwas welk, die Petersilie lässt die Blätter hängen und die Möhren sind schrumpelig. Ein klarer Fall zum Fairwerten! Ein kaltes Wasserbad wirkt bei müdem Gemüse wahre Wunder. Spinat, Blattsalate, Radieschen, Kräuter und Wurzelgemüse werden in kaltem Wasser wieder prall und knackig. Die genaue Anleitung zum Auffrischen von Gemüse findest du auf Seite 81.

AUFPEPPEN

Das Obst ist dir zu reif zum Essen? Dann mixe doch wie auf Seite 72 beschrieben einen leckeren Smoothie daraus. Es geht sogar noch einfacher: Äpfel mit schrumpeliger Schale und kleinen braunen Stellen kannst du einfach schälen, die unschönen Stellen wegschneiden und das Fruchtfleisch in dein Müsli schneiden. Schon fairwertet! Auch Reste lassen sich super aufpeppen. Wir haben ja noch die Portion Nudeln, die du beim Mittagessen nicht geschafft hast. Die lassen sich mit etwas Käse zum Überbacken super zu einem Nudelauflauf umfunktionieren. So wird aus deinen Resten ein ganz neues Gericht. Köstliche Rezepte für Reste findest du ab Seite 146.

DAS MINDESTHALTBARKEITS-DATUM

Ist das Kunst oder kann das weg? Warum das Mindesthaltbarkeitsdatum nichts über die tatsächliche Haltbarkeit von Lebensmitteln aussagt. So lange halten sich Lebensmittel wirklich!

Wenn sich auf dem Joghurt etwas Flüssigkeit absetzt, ist das völlig unbedenklich. Wichtig ist es, die gesamte Oberfläche sowie Rand und Deckel zu überprüfen.

»Verena, meine Nudeln sind abgelaufen. Sind die noch gut?» oder »Auf meinem Frischkäse hat sich etwas Wasser gesammelt. Kann ich den noch essen?« Fragen wie diese trudeln regelmäßig in mein Postfach. Einerseits freut es mich natürlich, dass sich viele Menschen mehr mit ihren Lebensmitteln auseinandersetzen und die Haltbarkeit mit ihren Sinnen prüfen. Andererseits kann ich darauf immer nur folgende Antwort geben: Lebensmittel sind so lange haltbar, bis sie schlecht sind. Das ist natürlich nicht die Antwort, die du jetzt erwartet hast, aber die einzig korrekte, die ich geben kann.

QUALITÄTSGARANTIE STATT VERFALLSDATUM

Wenn es um die Haltbarkeit von Lebensmitteln geht, landen wir schnurstracks beim Mindesthaltbarkeitsdatum, kurz MHD. Die Datumsangabe muss laut EU-Recht auf allen abgepackten Nahrungsmitteln vorhanden sein. Leider wissen die wenigsten, was sie wirklich aussagt. »Mindestens haltbar bis« wird häufig gleichgesetzt mit »Garantiert schädlich ab«. Eigentlich ist das MHD eine Qualitätsgarantie der Hersteller, dass das ungeöffnete Lebensmittel bei durchgehend richtiger Lagerung Geruch, Farbe, Geschmack, Konsistenz und Nährwert behält. Da das Mindesthaltbarkeitsdatum von den Herstellern jedoch selbst festgelegt wird, liegt es nahe, dass sie sich vor Beschwerden schützen möchten und eine tendenziell kürzere Haltbarkeitsgarantie angeben. Nicht zu vergessen, dass sie auch daran verdienen, wenn ein Joghurt nach Ablauf des MHDs im Müll landet und erneut gekauft wird. So ist das Überschreiten des MHDs einer der Hauptgründe, warum genießbare Lebensmittel im Müll landen. Nicht selten werden Lebensmittel aus Vorsicht schon einen Tag vor dem

MHD nicht mehr gegessen. Vom Mindesthaltbarkeitsdatum zu unterscheiden ist das Verbrauchsdatum. Diesen Hinweis findet man auf frischem Fleisch und Fisch als »zu verbrauchen bis«. Diese Produkte sollten nach Ablauf des aufgedruckten Datums nicht mehr verzehrt werden.

MIT ALLEN SINNEN PRÜFEN

Wie lange Lebensmittel wirklich haltbar sind, hängt von vielen ständig variierenden Faktoren ab. Eine pauschale Angabe ist deshalb nicht möglich ist. Du kannst das MHD natürlich als groben Anhaltspunkt für die Haltbarkeit nehmen. Vergiss allerdings nicht, dass beispielsweise ein Joghurt durch Unterbrechung der Kühlkette auch bereits vor dem Ablauf des MHD schlecht werden kann. Ich empfehle dir daher, besser mit deinen Sinnen zu prüfen, ob Lebensmittel noch gut sind. Das funktioniert so:

1. **Anschauen:** Sieht das Produkt anders aus als gewohnt? Hat sich die Konsistenz verändert? Sind Verfärbungen oder gar Schimmelsporen erkennbar? Wenn ja, Produkt entsorgen. Wenn nein:
2. **Riechen:** Ist der Geruch anders als üblich? Riecht es säuerlich oder vergoren? Wenn ja, Produkt entsorgen. Wenn nein:
3. **Probieren:** Hier reicht eine kleine Kostprobe, etwa die Spitze eines Teelöffels. Schmeckt es anders als gewohnt? Wenn ja, Produkt entsorgen.

Kannst du alle Fragen mit Nein beantworten, ist das Lebensmittel grundsätzlich ohne Bedenken genießbar. Dieser Test ist vor allem bei Kühlprodukten und Selbstgemachtem empfehlenswert. Der Sinnestest braucht natürlich etwas Übung. Am Anfang wirst du dich noch unsicher fühlen, aber das wird. Bei mir hat sich das tatsächlich schon so ins Unterbewusstsein eingeprägt, dass ich automatisch an Lebensmitteln rieche. Wahrscheinlich hast du besonders vor der Kostprobe Bammel. Aber wenn Lebensmittel wirklich nicht mehr gut sind, merkst du das sofort! Dann einfach ausspucken und den Mund gründlich spülen.

Bei Trockenwaren wie Salz, Zucker, Nudeln oder Reis ist ein MHD noch abwegiger. Diese können bei korrekter Lagerung eigentlich gar nicht schlecht werden. Die Beispiele rechts zeigen, wie »daneben« das Mindesthaltbarkeitsdatum oft ist, und geben dir ein Gefühl dafür, wie lange Lebensmittel durchschnittlich über das MHD hinaus verzehrt werden können.

Versuche häufiger an Lebensmitteln zu riechen. So wird dir der Riech-Test immer leichter fallen.

LEBENSMITTEL	VERZEHRFÄHIG ÜBER MHD HINAUS
Reis	bis zu 1 Jahr
Nudeln	bis zu 1 Jahr
Zucker	bis zu 1 Jahr
Eier	bis zu 21 Tage
Käse	bis zu 21 Tage
Konserven	bis zu 1 Jahr
Wurstwaren	bis zu 7 Tage
Frischmilch	bis zu 2 Tage
TK-Beeren	bis zu 6 Monate
TK-Gemüse	bis zu 21 Tage

VERDORBENE LEBENSMITTEL RICHTIG ENTSORGEN

Nicht jedes Essen lässt sich retten und fairwerten. Und das ist völlig in Ordnung. Wenn Lebensmittel verdorben sind, ist es wichtig, sie korrekt und nachhaltig zu entsorgen. Wie das geht und was du bei Schimmel beachten solltest.

Meinen Biomüll sammele ich einfach in einem ausrangierten Topf. Das sieht schick aus, es entstehen keine unangenehmen Gerüche und der Topf ist leicht zu reinigen.

Auch mir passiert es mal, dass Lebensmittel schlecht werden. Ja, du hast schon richtig gelesen. Kürzlich schimmelte seit Ewigkeiten ein Brötchen in meinem Brotkasten. Ich hatte es eigentlich korrekt gelagert, aber anscheinend halten sich Aufbackbrötchen nicht so lange oder es wurde feucht. Wie ich reagiert habe? Das verschimmelte Brötchen habe ich im Biomüll entsorgt, meinen Brotkasten gründlich gereinigt und mir gedacht: »In Zukunft darf ich Aufbackbrötchen nicht so lange lagern.« Nicht mehr und nicht weniger. Was ich damit sagen will: Lebensmittel werden immer mal wieder schlecht – so gut man sie auch lagert und fairwertet. Das Wichtigste ist, dass man daraus etwas für die Zukunft lernt.

Wenn Lebensmittel schimmeln, sollten sie immer komplett entsorgt werden. Es reicht also nicht, das schimmelige Stück großzügig vom Brötchen abzuschneiden. Neben dem sichtbaren Schimmelbefall können sich nämlich unsichtbare Schimmelsporen bereits auf dem Rest ausgebreitet haben. Deshalb sollte auch die Umgebung bzw. das Behältnis gründlich mit Spülmittel – am besten in der Spülmaschine – gereinigt werden. Eine Ausnahme stellt lange gereifter Hartkäse wie beispielsweise Parmesan dar. Hier reicht es, kleine Schimmelstellen großzügig abzuschneiden. Bei großflächigem Schimmelbefall allerdings sollte der ganze Käse entsorgt werden.

EIN FALL FÜR DIE BIOTONNE

Wohin mit den ungenießbaren Essensresten? Verdorbenes Obst und Gemüse kannst du in der Biotonne oder auf dem Kompost entsorgen. Falls sie verpackt sind, solltest du sie zuvor auspacken, da Plastik und Kartonagen den Abbauprozess verhindern. Weiterhin können Brot, Gebäckreste, gekochte Speisen,

Wenn wir Lebensmittel schon wegwerfen müssen, dann bitte korrekt! Solltest du dir in manchen Fällen nicht sicher sein, entsorge Lebensmittel im Zweifel im Restmüll.

Eier(schalen), Obstkerne, Kaffeesatz, Nussschalen und Milchprodukte in der Biotonne entsorgt werden. Auch Fleisch, Wurst, Fisch und Knochen dürfen in die Biotonne, sofern nichts anderes vorgeschrieben ist. Was in die Biotonne darf, ist von Kommune zu Kommune nämlich unterschiedlich. Bei mir ist es zum Beispiel nicht erlaubt, rohes Fleisch in der Biotonne zu entsorgen - Knochen, Wurstwaren und gekochtes Fleisch hingegen schon. Erkundige dich deshalb am besten direkt bei deinem Entsorgungsdienstleister. Wichtig: Auf den heimischen Kompost sollten keine tierischen und gekochten Essensreste geworfen werden. Sie locken Ratten an.

DEINE TOILETTE IST KEIN MÜLLSCHLUCKER!

Flüssige Speisereste wie Suppen, Milch, Säfte, Öle und Fett werden gerne über die Toilette oder den Abfluss entsorgt. Das ist alles andere als nachhaltig! Das abgekühlte Fett, das in vielen Lebensmitteln vorhanden ist, kann sich in Leitungen festsetzen, sie verstopfen und üble Gerüche verursachen. Zudem können grobe Essensreste die Abwasserrohre blockieren und Ratten anlocken. Das erhöht den Aufwand und die Kosten für die Reinigung des Abwassers. Gebrauchte Speiseöle und -fette am besten in Einweggläser füllen und über die Restmülltonne entsorgen. Einige Kommunen bieten spezielle Sammelflaschen und -container für das Recycling an.

HÄTTEST DU ES GEWUSST?

Sind Pizzakartons und Take-away-Papierboxen ölig oder stark verschmutzt, gehören sie auf keinen Fall in die Papiertonne, sondern in den Restmüll!

FAIRWERTEN IN DER PRAXIS

Jetzt setzen wir Lebensmittelwertschätzung in die Tat um!

OBST FAIRWERTEN

Das meiste Obst hält sich nur wenige Tage. Deshalb heißt es hier vor allem: gewusst wie! Wie Früchte länger frisch bleiben, warum Obst und Tiefkühlfach dicke Freunde sind und was du noch aus Obstschalen herausholen kannst.

Beim Obsteinkauf gilt für mich: Qualität vor Quantität. Statt eine Großpackung Nektarinen im Angebot zu kaufen und nur die Hälfte zu essen, greife ich lieber für ausgewählte Biofrüchte tiefer in die Tasche, esse aber alle auf. Rechnerisch kostet mich am Ende die komplette Verwendung der Großpackung genauso viel (oder sogar mehr) wie Biofrüchte zu wählen.

SAISONAL EINKAUFEN

Bereits beim Einkaufen kannst du dafür sorgen, dass dein Obst länger frisch bleibt. Greife am besten zu saisonalen Früchten mit kurzen Transportwegen. Diese sind nicht nur frischer, sondern schmecken auch besser und sind meist weniger mit Pestiziden belastet. Lass die Erdbeeren aus Marokko also lieber liegen und nimm stattdessen Äpfel und Pflaumen aus Deutschland mit. Wann genau Pflaumen und andere heimische Früchte Saison haben, kannst du im Saisonkalender auf Seite 22f nachschlagen.

Seit meiner Tätigkeit im Bioladen habe ich »Single-Früchte« in mein Herz geschossen. Damit meine ich zum Beispiel einzelne Bananen und lose Trauben. Diese bleiben oft im Regal liegen, obwohl sie makellos sind. Lass uns also gemeinsam »Single-Früchte« retten! Mein Tipp für lose Trauben: Tiefkühlen und als Eiswürfel verwenden - inklusive erfrischend fruchtigem Geschmack.
Über zerquetschtes Obst im Einkaufsbeutel haben wir uns sicher alle schon einmal geärgert. Um Dellen oder sogar vollständig zerdrückte Früchte zu vermeiden, packe Obst immer zuletzt in deinen Einkaufsbeutel. So kommt alles heil in deiner Küche an und bleibt länger frisch.

Erdbeeren sind besonders sensible Früchte.
Sie bleiben nach der Ernte nur 2-3 Tage frisch.

OBST WASCHEN

Grundsätzlich gilt: Obst immer erst kurz vor dem Verzehr waschen, damit die natürliche Schutzschicht erhalten bleibt. Wird sie abgewaschen, verderben die Früchte schneller. Damit Beeren nicht matschig werden, diese nicht mit Wasser abbrausen, sondern in einem kalten Wasserbad waschen. Danach gut abtropfen lassen und zügig essen.

RICHTIG LAGERN

Ist das Obst in Plastik verpackt, solltest du es nach dem Einkauf erstmal aus der Verpackung nehmen und die einzelnen Früchte auf Druckstellen prüfen. Falls ein paar mit Makel dabei sind, kannst du betroffene Stellen großzügig wegschneiden und diese Früchte zuerst verzehren. Das restliche Obst lagerst du am besten im Obst- und Gemüsefach des Kühlschranks. Besonders exotische Früchte wie Ananas, Bananen und Zitrusfrüchte sind jedoch kälteempfindlich. Diese lagerst du deshalb bei Zimmertemperatur oder nur kurz im Kühlschrank.

OBST HALTBAR MACHEN

Ob 3 kg Erdbeeren frisch vom Feld, die 500-g-Schale Pflaumen aus dem Angebot oder die Kiste Äpfel von der Verwandtschaft - oft haben wir größere Mengen Obst zu Hause, die man nur schwer auf einmal essen kann.

Fragt man das Internet um Rat, empfehlen zahlreiche Ratgeberseiten, daraus Konfitüre zu kochen, es einzuwecken oder zu dörren. Das ist natürlich korrekt, doch wer hat im Alltag Zeit dafür? Ich zumindest nicht. Deshalb lautet mein supereinfacher und effektiver Vorschlag: tiefkühlen! Dafür reicht sogar schon ein kleines Tiefkühlfach.

Neben den klassischen Himbeeren kann eigentlich auch jedes andere Obst tiefgekühlt werden. Also auch Ananas, Äpfel, Birnen, Mangos, Orangen, Pflaumen oder Trauben. Ebenso lassen sich (über)reife Bananen problemlos tiefkühlen. Die gefrorenen Stücke eignen sich wunderbar für Smoothies, Eis und Shakes und sorgen für eine besondere Cremigkeit! Rezeptideen dafür findest du ab Seite 72. Im Frost verlängert sich auch die Haltbarkeit der Früchte von einigen Tagen auf bis zu 12 Monate.

Das gibt es zu beachten

Taut das Obst wieder auf, verliert es Wasser und wird dadurch weich und etwas matschig. Das tut dem Geschmack aber keinen Abbruch. Tiefgekühltes Obst kannst du genauso vielseitig verwenden wie frisches.

OBST CLEVER TIEFKÜHLEN – SO GEHT'S

1 Das Obst waschen bzw. schälen. Dann angeschlagene Stellen abschneiden oder sehr angeschlagene bzw. schimmelige Früchte aussortieren. Die Früchte putzen und in kleine Stücke schneiden, Beeren und Trauben ganz lassen.

2 Die Stücke mit etwas Abstand auf einen flachen Teller legen, sodass sie sich nicht berühren. Den Teller dann mindestens 2 Std. ins Tiefkühlfach stellen.

3 Danach die Fruchtstücke vom Teller nehmen, in einen Gefrierbeutel oder in eine Box füllen und im Tiefkühlfach lagern. Mit dieser Methode bilden die Früchte keine Klumpen, lassen sich einzeln entnehmen und besser portionieren.

APFELSTRUDEL

Strudeln kann jeder! Einen Apfelstrudel selbst zu machen geht viel leichter, als du denkst. Er ist das perfekte Rezept, wenn du eine große Menge Äpfel fairwerten willst. Du bist bereit zum Strudeln, brauchst aber noch Äpfel? Dann springe kurz zu Seite 21. Dort erfährst du, wie du Äpfel sogar kostenlos bekommen kannst.

FÜR 2 STRUDEL

FÜR DEN TEIG

- 250 g Mehl
- 1 Ei (M; oder 6 EL Öl + 4 EL Wasser)
- 2 EL Öl
- Salz

FÜR DIE FÜLLUNG

- 500 g Äpfel
- 2 EL Zitronensaft
- 2 EL Joghurt oder Sojajoghurt
- 2 TL Zimtpulver
- 2 TL Zucker

AUSSERDEM

- Mehl zum Arbeiten
- 50 g Margarine
- Auflaufform (27 × 20 cm)

1 Für den Teig Mehl, Ei, Öl, 1 Prise Salz und 100 ml Wasser in eine Schüssel oder in die Schüssel der Küchenmaschine mit Knethaken geben. Alles zu einem glatten Teig verkneten.

2 Für die Füllung die Äpfel schälen, vierteln und entkernen. Die Viertel in sehr feine Scheiben schneiden und in eine Schüssel geben . Den Zitronensaft untermischen. (Wie du die Apfelschalen fairwerten kannst, erfährst du auf Seite 77.)

3 Ein sauberes Geschirrtuch auf die Arbeitsfläche legen und bemehlen. Den Teig halbieren und eine Hälfte auf dem bemehlten Tuch dünn zu einem Rechteck (40 × 30 cm) ausrollen. Den Teig jedoch nicht zu dünn ausrollen, damit er später nicht reißt.

4 Die Teigplatte mit 1 EL Joghurt bestreichen und die Hälfte der Äpfel gleichmäßig darauf verteilen. Mit je 1 TL Zimt und Zucker bestreuen.

5 Die Längsseiten der Teigplatte daumenbreit einschlagen und den Strudel von der Querseite her aufrollen. Dafür das Tuch in die Hand nehmen und dem Strudel nach und nach einen Schubs geben, bis er ganz aufgerollt ist. Wenn eine Teigstelle beim Aufrollen am Tuch festkleben, mit einem Messer vorsichtig lösen und weiterrollen.

6 Den Backofen auf 160 °C (Umluft) vorheizen. Die Margarine in einem kleinen Topf schmelzen und die Auflaufform mit der Hälfte davon ausstreichen. Den fertigen Strudel samt Geschirrtuch anheben und in die Form stürzen.

7 Den restlichen Teig ebenso ausrollen, füllen, aufrollen und in die Form stürzen. Die Strudel mit der restlichen geschmolzenen Margarine bestreichen und im heißen Ofen (Mitte) ca. 45 Min. backen.

VARIANTE Für einen herzhaften **Gemüsestrudel** ca. 500 g Gemüse, das weg muss, fein schneiden und eine Gemüsepfanne (Seite 87) damit zubereiten. Das Gemüse dann auf den Teigplatten verteilen und wie beschrieben fortfahren.

SMOOTHIE AUS ÜBERREIFEM OBST

Von pfui zu hui: Aus angeschlagenen Früchten wird im Nu ein vitaminreicher Cocktail! Trau dich und mische verschiedene Obstsorten – es gibt keine Kombination, die nicht passt. Je nachdem, ob du deinen Smoothie lieber dick- oder dünnflüssig magst, kannst du mehr oder weniger Flüssigkeit verwenden.

FÜR 2 GLÄSER

- 500 g sehr reifes Obst (z. B. Äpfel, Bananen, Birnen, Nektarinen, Orangen)
- 300 ml Flüssigkeit (Wasser, Milch oder Pflanzendrink)

1 Das Obst waschen oder schälen und sehr angeschlagene Stellen abschneiden. Die Früchte dann ggf. entkernen und in grobe Stücke schneiden.

2 Flüssigkeit und Fruchtstücke in einen Standmixer geben und pürieren, bis keine Stückchen mehr sichtbar sind. Den Smoothie in zwei Gläser füllen und am besten sofort servieren.

TIPP Gib noch 1 Handvoll Eiswürfel oder TK-Früchte mit in den Mixer. Das sorgt für mehr Frische und macht den Smoothie wunderbar cremig.

BANANEN-ERDNUSSMUS-SHAKE

Zwischen einer (über)reifen Banane und einem cremigen Shake können weniger als 60 Sekunden liegen. Glaubst du nicht? Dann hole doch gleich mal die Stoppuhr raus. Dass Resteverwertung lange dauert, ist mit diesem Blitzrezept echt widerlegt!

FÜR 1 GLAS

- 1 Banane
- 2 EL Erdnussmus
- 2 EL zarte Haferflocken
- 2 EL Rosinen
- 250 ml Milch oder Pflanzendrink
- 1 Prise Salz
- 1 TL Zimtpulver

1 Alle Zutaten in einen Standmixer füllen und mixen, bis ein cremiger Shake entsteht. Den Shake in ein großes Glas füllen und sofort genießen.

TIPP Ob als Frühstück, Snack oder nach dem Sport: Dieser Shake ist ein nährstoffreicher Sattmacher, wenn es mal schnell gehen muss. Wenn du magst, kannst du auch noch ein paar sorgfältig gewaschene Bio-Bananenschalenstücke mit in deinen Shake mixen.

EISCREME AUS TIEFGEKÜHLTEM OBST

Du hast überreifes Obst nach meiner Anleitung auf Seite 69 tiefgekühlt? Daraus machen wir jetzt superfruchtiges Eis – ganz ohne Eismaschine. Das Eis ist perfekt für heiße Tage oder wann immer du Lust darauf hast.

FÜR 2 PERSONEN

- 600 g TK-Obst deiner Wahl (z. B. Bananen, Beeren, Birnen, Pflaumen, Weintrauben)
- 2 EL Joghurt oder pflanzlicher Joghurt

1 Das TK-Obst mit 50 ml warmem Wasser in einen Standmixer geben und pürieren, bis eine cremige Fruchtmasse entsteht.

2 Die Fruchtmasse in eine Schüssel oder Gefrierdose füllen und den Joghurt unterrühren. Die Eiscreme dann sofort servieren oder abdecken und für den Vorrat ins Tiefkühlfach stellen.

TIPP Für mehr Aroma nach Belieben noch 2 EL Nussmus mit in die Fruchtmasse mixen. Für köstlichen Crunch sorgen 50 g fein gehackte Zartbitterschokolade. Diese mit dem Joghurt unter die Fruchtmasse rühren.

KOMPOTT AUS FRISCHEN ODER TIEFGEKÜHLTEN FRÜCHTEN

Für ein fruchtiges Kompott benötigst du eigentlich nur Obst und etwas Wasser. Besonders einfach lassen sich reifere Früchte, die du nicht mehr pur essen möchtest, oder Tiefkühlfrüchte fairwerten. Lass uns mit vielen Kompotts ein Komplott gegen Lebensmittelverschwendung bilden!

FÜR 2 PERSONEN

- 600 g Obst deiner Wahl (frisch oder TK, z. B. Äpfel, Beeren, Birnen, Pflaumen)

TIPP Das Kompott schmeckt pur oder passt zu Pfannkuchen, Porridge, Grießbrei, Milchreis, Schupfnudeln, Kuchen, Müsli, Joghurt.

1 Frisches Obst waschen und sehr angeschlagene Stellen abschneiden. Die Früchte dann eventuell entkernen und in kleine Stücke schneiden. Die Stücke mit 1 Schuss Wasser in einen Topf geben und zum Köcheln bringen. Gut umrühren und bei mittlerer Hitze 5–10 Min. köcheln lassen. Je länger das Obst kocht, desto weicher wird das Kompott. Das fertige Kompott in eine Schale füllen und etwas abkühlen lassen. Nach Belieben warm oder kalt servieren.

2 TK-Obst über Nacht im Kühlschrank auftauen lassen. Das schont die Früchte und spart Strom. Die aufgetauten Früchte dann mit 100 ml Wasser in einen Topf geben, zum Köcheln bringen und bei mittlerer Hitze 5–10 Min. köcheln lassen. (Alternativ die TK-Früchte direkt aus dem Tiefkühlfach mit 50 ml Wasser zum Köcheln bringen. So dauert es jedoch länger, bis sie aufgetaut sind. Dabei unbedingt darauf achten, dass die Früchte nur langsam erhitzt werden.)

OBST BIS ZUM ALLERLETZTEN BISSEN

From leaf to root – also vom Blatt bis zur Wurzel – lautet die Philosophie, wenn es darum geht, alles Essbare von Pflanzen zu verwerten. Auch in Obstschalen schlummert noch viel mehr Potential als du denkst.

Ein Fall zum Aufheben! Wenn du die Schale von Fallobst nicht essen möchtest, kannst immer noch einen aromatischen Apfelschalentee daraus kochen.

Die Deutsche Gesellschaft für Ernährung empfiehlt zwei Portionen Obst und drei Portionen Gemüse am Tag zu essen. Gesunde Erwachsene sollten Obst immer mit (essbarer) Schale essen, denn in bzw. unter der Schale stecken die meisten Vitamine. Bevor du in die süße Frucht beißt, gründlich waschen. Was viele nicht wissen: Auch die Schale von Biokiwis ist essbar. Wenn dich die pelzige Struktur nicht stört, kannst du sie also beim nächsten Mal einfach mitessen. Theoretisch sind auch die Schalen von Biowassermelonen und -bananen essbar. Im Gegensatz zum Fruchtfleisch schmecken sie aber eher bitter. Wenn du experimentierfreudig bist, kannst du ein paar gewaschene Bananenschalenstücke mit in den Bananen-Erdnussmus-Shake (Seite 73) mixen. Dabei jedoch unbedingt Biobananen verwenden, um erhöhte Rückstände von Pestiziden zu vermeiden. Ebenfalls verwenden kannst du den Abrieb von Bioorangen und Biozitronen. Diese eignen sich zum Backen und zum Würzen von Dressings und Dips. Wenn du momentan keine Verwendung dafür hast, friere den Abrieb einfach ein. Im Winter kannst du Schalen von Mandarinen und Orangen auf die Heizung legen und bekommst so einen natürlichen Zitrusraumduft. Natürlich ist es nichts Neues, dass Apfelschalen essbar sind. Allerding bleiben sie doch häufig übrig. Sollte das bei dir der Fall sein: Brühe dir das nächste Mal damit doch diesen feinen Tee auf.

Möchtest du essbare Schalen oder Blätter von Obst und Gemüse verarbeiten, wähle immer Bioware. Sofern Pflanzenteile grundsätzlich nicht für den Verzehr gedacht sind, werden sie auch nicht auf mögliche erhöhte Rückstände von Pflanzenschutzmitteln untersucht. Das Bundesinstitut für Risikobewertung kann aufgrund der verfügbaren Daten gegenwärtig keine abschließende Bewertung möglicher gesundheitlicher Risiken geben. Allerdings liegen keine konkreten Hinweise auf gesundheitlich bedenkliche Stoffe vor.

APFELSCHALENTEE

Nutzen statt wegwerfen! Müssen für ein Rezept Äpfel geschält werden, landen die Schalen meist im Biomüll. Eigentlich viel zu schade. Mit diesem Tee geht ab jetzt kein Apfelaroma mehr unnötig flöten!

FÜR 1 TASSE

- Schalen von 1 Apfel
- Zucker oder Honig (nach Belieben)

1 Die frischen Apfelschalen in eine Tasse geben. Mit heißem Wasser aufgießen und den Tee ca. 10 Min. ziehen lassen.

2 Danach die Apfelschalen herausnehmen. Den Tee nach Geschmack süßen und sofort servieren.

TIPP Aus den Schalen und Kerngehäusen von Äpfeln lässt sich auch Essig herstellen. Eine Anleitung dafür findest du auf dem erfrischenden Blog von Zero-Waste-Expertin Aline. www.aufdiehand.blog.

GEMÜSE FAIRWERTEN

Jetzt wird dein Gemüsefach zur Kreativitätschublade! Mit meinen Tipps, Tricks und Rezepten sind die Zeiten von Einfallslosigkeit und Frust endgültig vorbei – zumindest was Gemüse angeht.

Neben Obst empfehle ich dir auch Gemüse möglichst saisonal zu kaufen. Das ist im Sommer und Herbst natürlich viel einfacher als im Winter und Frühjahr. Auch ich esse nicht ausschließlich saisonal, aber ich versuche das ganze Jahr über, heimisches Gemüse in meinen Speiseplan zu integrieren. Der Vorteil: Saisonales Gemüse ist oft günstig und hält sich länger frisch – vor allem Lagergemüse wie Kartoffeln, Möhren, Wurzelgemüse, Bete und Kohl. Importierte Tomaten dagegen sind im Winter mehr orange als rot, haben kaum Geschmack und verderben leicht. Nicht ohne Grund werden sie auch als »vierter Aggregatzustand von Wasser« bezeichnet. Die größte Auswahl an saisonalen Produkten aus der Region findest du auf Bauernmärkten, in Bioläden oder in einer Biokiste.

ÜBERLEGT EINKAUFEN

Wie Obst wird auch Gemüse oft in Großpackungen zum Aktionspreis angepriesen. Überlege dir immer vor dem Kauf, ob du wirklich die ganze Packung brauchst bzw. verbrauchen kannst. Wenn du für ein Rezept zwei Möhren benötigst, ist es nachhaltiger und günstiger sie lose zu kaufen, auch wenn sie auf das Kilo gerechnet teurer sind als die supergünstige 2-kg-Packung. Wenn es keine Alternative zur Großpackung gibt und du nicht wie ich gerne mal 1 kg Gemüse am Tag verdrückst, hast du vier Möglichkeiten möglichst nachhaltig zu handeln:

1. Du kaufst die Großpackung und planst für die nächsten zwei Wochen ein, die Möhren in verschiedenen Varianten aufzubrauchen.
2. Auf deinem Weg liegt noch ein anderer Laden. Probiere es dort nochmal, wenn es deine Zeit zulässt.
3. Sind die Möhren wirklich notwendig für das Rezept? Kannst du sie weglassen oder stattdessen anderes Gemüse verwenden?
4. Du fragst deine Nachbarn, ob sie vielleicht zwei Möhren übrig haben.

Ich weiß, das klingt jetzt sehr lehrbuchmäßig. Aber mit diesem Beispiel möchte ich dir nur zeigen, dass es immer mehrere Möglichkeiten gibt, auch wenn wir nur eine sehen.

FEUCHT LAGERN

In Plastik abgepacktes Gemüse solltest du nach dem Einkauf immer auspacken. Besonders Pilze verderben unter Folie recht schnell. Feldsalat, Pflücksalat, Postelein oder Spinat am besten direkt waschen, abtropfen lassen und in einer Box oder in einem feuchtem Küchentuch bzw. Baumwollbeutel im Kühlschrank lagern. Lose Blattsalate werden allgemein schnell welk. Diese deshalb immer gut feucht halten und zügig aufbrauchen. Ganze Salatköpfe in ein nasses Geschirrtuch einschlagen.

Äußere verschrumpelte Radicchioblätter einfach ablösen. Die Blätter darunter sind frisch und knackig.

Ähnliches gilt für Möhren, Radieschen, Rettich, Pastinaken und Petersilienwurzel. Damit sie nicht schrumpelig werden, entferne ich das Blattgrün und wickle alles in feuchte Tücher. Den gleichen Effekt hat es übrigens, wenn du das Gemüse in eine Box oder Schale legst und den Boden mit etwas Wasser bedeckst.

GEMÜSE-EINMALEINS

In feuchten Küchentüchern statt in Plastikfolie lagern, nur so viel kaufen wie nötig und saisonales Gemüse bevorzugen.

Um im Alltag Zeit zu sparen, kannst du Blattsalate oder Gemüseblätter bereits direkt nach dem Einkaufen verzehrfertig vorbereiten. Die Blätter dafür klein schneiden und in ein Sieb geben.

Die Blätter gründlich unter fließendem Wasser oder in einem Wasserbad reinigen. Abtropfen lassen und in einer verschließbaren Box im Kühlschrank lagern. Innerhalb von 3–4 Tagen verbrauchen.

Möhren kannst du auch in ein Glas mit etwas Wasser stellen. Auch frische Kräuter im Bund halten sich so länger frisch. Wichtig ist dabei nur, dass du das Wasser regelmäßig wechselst. Kohlköpfe sind echte Lagerhelden. Ich hatte einmal einen Weißkohl über 4 Monaten im Kühlschrank und nichts ist passiert, außer dass die obersten Kohlblätter etwas welk wurden. Darunter war der Kohl wie frisch gekauft. Wenn du Kohl nicht auf einmal verbrauchst, nimm Schicht für Schicht die Blätter ab, anstatt ihn in Stücke zu schneiden. Dadurch bleibt er länger frisch.

Zur Lagerung von Kartoffeln und Tomaten lies auf Seite 37. Neben Tomaten zählen auch Knoblauch, Zwiebeln, Aubergine, Gurke, Zucchini und Kürbis zum kälteempfindlichen Gemüse. Da ich außerhalb des Kühlschranks keine Lagermöglichkeit unter 20 °C habe, lege ich sie alle ins Gemüsefach des Kühlschranks. Das handhabe ich seit rund 4 Jahren so und habe nur gute Erfahrungen damit gemacht. Das A und O ist es einfach, frische Lebensmittel zeitnah zu verarbeiten. Apropos Zwiebeln und Knoblauch: Wenn sie austreiben, sind sie weiter genauso genießbar - die Triebe sind sogar noch gesünder.

Stehen die Spitzen von Möhren im Wasser, saugen sie sich immer wieder voll und bleiben länger knackig.

GEMÜSE HALTBAR MACHEN

Bohnen, Blumenkohl, Brokkoli, Rotkohl, Rosenkohl, Kürbis, Erbsen und Kräuter - alles, was du im Tiefkühlregal des Supermarkts findest, kannst du zu Hause auch selbst tiefkühlen. Darüber hinaus lassen sich auch geschnittene Pilze, andere Kohlsorten, Zucchini, Paprika, Spinat, Tomaten (für Sauce) oder Rote Bete gut einfrieren. Während Kräuter, Paprika, Pilze und Zucchini roh eingefroren werden können, sollte man das restliche Gemüse vor dem Tiefkühlen kurz blanchieren. Das bedeutet, das Gemüse kurz in kochendem Wasser zu erhitzen. Wie das geht, erfährst du auf der nächsten Seite.

GEMÜSE AUFFRISCHEN

Okay, du weißt jetzt, wie Gemüse richtig gelagert werden muss, aber vielleicht ist es dafür schon zu spät und es liegt da noch was im Kühlschrank ... Natürlich kann es vorkommen, dass Gemüse schneller als erwartet den Kopf hängen lässt - trotz korrekter Lagerung. Das passiert mir regelmäßig mit Feldsalat. Den kann ich oft gar nicht so schnell essen wie er welkt. Was ja kein Problem ist, denn der Salat ist nicht schlecht, sondern hat einfach nur Wasser bei der Lagerung verloren. Dieses Wasser geben wir ihm einfach wieder zurück. Dafür fülle ich eine große Schüssel mit sehr kaltem Wasser. Ein paar Eiswürfel darin beschleunigen und verstärken noch den Effekt. Dann kommt der müde Salat in die Schüssel und wird etwa 1 Stunde in den Kühlschrank gestellt. Tada, nun ist der Salat wieder superknackig! Jetzt kannst du ihn wie gewohnt zubereiten.

Dasselbe funktioniert auch mit frischem Spinat und Kräutern. Wenn Möhren, Wurzelgemüse, Radieschen und Rettich schrumpelig werden, fehlt auch ihnen einfach nur Wasser. Das kannst du ihnen wie dem Salat zurückgeben, indem du sie in kaltes Wasser legst. Sind deine Möhren nicht nur schrumpelig, sondern haben auch braune Stellen, musst du sie trotzdem nicht entsorgen. In den meisten Fällen handelt es sich nicht um Fäulnis, wie häufig vermutet. Solche Stellen entstehen bei langer Lagerung und betreffen nur die Schale. Die Möhren einfach gründlich schälen, dann sind sie wie gewohnt genießbar.

GEMÜSE EINFACH TIEFKÜHLEN

Einfach tiefkühlen! So lautet mein Tipp für alle, die gerade zu viel Gemüse zu Hause haben oder sich ohne Einkochen einen kleinen Vorrat anlegen wollen. Welches Gemüse sich zum Tiefkühlen eignet, erfährst du auf Seite 81.

1. VORBEREITEN Das Gemüse waschen und angeschlagene Stellen entfernen. Dann putzen und in kleine Stücke schneiden. Blumenkohl und Brokkoli in Röschen teilen.

2. BLANCHIEREN In einem Topf Wasser aufkochen. Das Gemüse im kochenden Wasser ca. 3 Min. garen. Danach herausnehmen und in eiskaltem Wasser abschrecken. Das blanchierte Gemüse gut abtropfen lassen und mit Küchenpapier oder mit einem Geschirrtuch trocken tupfen.

3. TIEFKÜHLEN Das Gemüse in Gefrierbeutel oder Tiefkühldosen füllen und diese luftdicht verschließen. In den Gefrierschrank stellen und tiefkühlen. Tiefgekühltes Gemüse ist ca. 1 Jahr haltbar.

TIEFKÜHLKRÄUTER SELBER MACHEN

Tiefkühlkräuter habe ich eigentlich immer zu Hause. Doch anstatt sie zu kaufen, mache ich sie aus Resten von Kräuterbündeln oder Topfkräutern im Handumdrehen einfach selbst. Das geht ratzfatz, spart Geld und Müll!.

1. VORBEREITEN Kräuter im Topf zunächst abschneiden. Dann – wie auch Kräuter im Bund – waschen und welke Stängel bzw. Blätter aussortieren. Gut abtropfen lassen und mit einem Messer grob schneiden.

2. TIEFKÜHLEN Die geschnittenen Kräuter in einen Gefrierbeutel, eine Tiefkühldose oder in ein Schraubglas füllen. Diese luftdicht verschließen, in das Tiefkühlfach stellen und tiefkühlen. Tiefgekühlte Kräuter innerhalb von 6 Monaten verbrauchen.

CREMIGES AVOCADO-DRESSING

Einmal aufgeschnitten werden Avocados genau wie geschnittene Äpfel mit der Zeit braun. Das ist aber kein Grund, sie zu entsorgen! Für alle nicht mehr so frischen Avocados kommt dieses Dressing wie gerufen.

FÜR 2 PERSONEN

- 1 Avocado
- 1 Knoblauchzehe
- 2 EL Zitronensaft
- 4 EL Joghurt oder pflanzlicher Joghurt
- 2 EL Öl
- Salz, Pfeffer

1 Die Avocado halbieren, schälen und entsteinen. Den Knoblauch ebenfalls schälen. Avocado, Knoblauch, Zitronensaft, Joghurt und Öl in einen Standmixer füllen und cremig pürieren.

2 Das Dressing mit Salz und Pfeffer abschmecken. Kurz vor dem Servieren mit einem Salat nach Wunsch vermischen.

TIPP Achte beim Kauf von Avocados auf ihre Herkunft. Am besten greifst du zu nicht vorgereiften Früchte aus europäischem Anbau.

KNACKIGER RADI-SALAT

Rettich, Radieschen und Winterrettich werden außerhalb von Biergärten wahnsinnig unterschätzt! Mit diesem Rezept wird sich das ändern – hoffentlich auch über den Weißwurstäquator hinaus!

FÜR 4 PERSONEN

- 1 Rettich (oder 2 Winterrettiche)
- Salz
- 1 Bund Radieschen
- ¼ Bund Schnittlauch
- 2 EL Apfelessig
- Pfeffer

1 Den Rettich schälen und mit einem Küchenhobel in feine Scheiben hobeln. Diese in eine große Schüssel geben und mit 1 EL Salz vermischen. Das Salz mit den Händen sanft in die Scheiben einmassieren.

2 Das Radieschengrün abschneiden, die Radieschen waschen und putzen. (Das Grün für Chips, Seite 96, oder für einen Aufstrich, Seite 97, verwenden.) Die Radieschen ebenfalls fein hobeln und mit dem gesalzenen Rettich vermischen. Den Salat ca. 20 Min. ziehen lassen.

3 Den Schnittlauch waschen und fein schneiden. Mit dem Essig zum Salat geben und alles gut vermischen. Den Salat in Schälchen füllen und zur Brotzeit servieren. (Alternativ den Radi-Salat direkt auf einem Butterbrot anrichten.)

TIPP Werden Rettich oder Radieschen spät geerntet, können sie etwas holzig sein. Deshalb sind sie aber nicht schlecht! Holzige Stellen einfach vor dem Hobeln wegschneiden.

GEMÜSEPFANNE AUS ÜBRIGEM GEMÜSE

Die gute alte Gemüsepfanne wird echt unterschätzt! Sie ist unendlich abwandelbar und schafft es sogar, die schrumpeligen Zucchini in deinem Gemüsefach wieder frisch aussehen zu lassen. Auch Kohl, Tomaten oder Gemüseblätter lassen sich darin lecker verwerten. Klingt gut? Dann auf die Pfanne, fertig, los!

FÜR 2 PERSONEN

- 400 g Gemüse (Aubergine, Blumenkohl, Brokkoli samt Stiel, Kürbis, Paprika, Tomaten, Zucchini, Kohlrabi(blätter), Radieschenblätter)
- 1 Zwiebel
- 2 EL Öl
- 150 ml Gemüsebrühe
- 1 EL Sojasauce
- Salz, Pfeffer

1 Das Gemüse gründlich waschen und angeschlagene Stellen abschneiden. Das Gemüse dann putzen und in gleich große Stücke schneiden. Die Zwiebel schälen und fein würfeln.

2 Das Öl in einer Pfanne erhitzen und die Zwiebelwürfel darin glasig andünsten. Das Gemüse in die Pfanne geben, gut umrühren und alles bei schwacher bis mittlerer Hitze ca. 5 Min. braten.

3 Das Gemüse danach mit Brühe oder Wasser ablöschen und 10–20 Min. weitergaren. Dabei am besten einen passenden Deckel auf die Pfanne legen. Das spart Strom, und das Gemüse gart schneller.

4 Die Gemüsepfanne zuletzt mit Sojasauce, Salz und Pfeffer würzen und gut umrühren. Schmeckt das Gemüse zu mild, nochmals nachwürzen. Die Gemüsepfanne mit Nudeln, Reis, Hirse, Kartoffeln, Quinoa, Brot oder Brötchen servieren. Reste können im Kühlschrank bis zu 2 Tage aufbewahrt werden.

TIPP Brate noch 200 g Räuchertofu mit dem Gemüse. So ergänzt du das Gericht mit einer hochwertigen Eiweißquelle. Neben Salz und Pfeffer kannst du das Gemüse auch mit Paprika- und Currypulver oder deinem Lieblingsgewürz abschmecken.

OFENGEMÜSE MIT HUMMUS

Drei unwiderstehliche Gründe für Ofengemüse: Du kannst so gut wie jedes Gemüse dafür verwenden und die Kombination saisonal abwandeln. Während das Gemüse im Ofen ist, kannst du andere schöne Dinge tun. Du musst keine Töpfe oder Pfannen abspülen. Wenn dich das alles noch nicht überzeugen konnte, wird es mein Hummus tun!

FÜR 2 PERSONEN

FÜR DAS OFENGEMÜSE

- 1 rote Paprika
- 1 gelbe Paprika
- 1 Hokkaido-Kürbis
- 1 Kohlrabi
- 1 Zwiebel
- 2 Knoblauchzehen
- 4 EL Öl
- 1 EL Sojasauce
- Salz, Pfeffer
- 2 TL Sesam
- italienische Kräuter zum Bestreuen

FÜR DEN HUMMUS

- 1 Glas Kichererbsen (ca. 320 g)
- 2 EL Tahin (Sesampaste)
- 2 EL Zitronensaft
- ½ TL gemahlener Kreuzkümmel
- 1 Knoblauchzehe
- 50 ml eiskaltes Wasser
- Salz, Pfeffer

AUSSERDEM

- Öl für das Backblech

1 Für das Ofengemüse den Backofen auf 200 °C vorheizen, ein Backblech mit Öl einfetten. (Alternativ das Blech mit Backpapier oder einer wiederverwendbaren Backmatte belegen.) Paprika und Kürbis waschen, putzen, entkernen und in Streifen schneiden. Kohlrabi schälen und ebenfalls in Streifen schneiden. Zwiebel und Knoblauch schälen und vierteln.

2 Das Gemüse in eine große Schüssel geben und mit Öl, Sojasauce, etwas Salz und Pfeffer gut vermischen. Die Gemüsemischung auf dem Backblech verteilen und im Ofen (Mitte) ca. 30 Min. backen.

3 Inzwischen für den Hummus alle Zutaten in einem Standmixer oder mit einem Pürierstab cremig pürieren. Mit Salz und Pfeffer abschmecken.

4 Das Gemüse aus dem Ofen nehmen und auf zwei Tellern anrichten. Jeweils mit 1 TL Sesam und Kräutern bestreuen und mit dem Hummus servieren.

VARIANTE Ebenso kannst du **Ofenkartoffeln** zubereiten. Diese mit Hefeflocken und Paprikapulver würzen und in ca. 45 Min. goldbraun backen. Erst nach dem Backen salzen und pfeffern. Besonders knusprig werden die Kartoffeln, wenn du sie vor dem Backen ca. 30 Min. in kaltes Wasser legst.

KÜRBISSUPPE AUS DEM OFEN

Eigentlich mache ich um Suppen generell einen großen Bogen. Auch Kürbis mochte ich bis vor Kurzem nicht wirklich. Und jetzt preise ich dir diese Kürbissuppe mit regionalen Zutaten an!? Ja, ganz genau, noch dazu, ohne einen Topf schmutzig zu machen!

FÜR 4 PERSONEN

- 1 Hokkaido-Kürbis (ca. 1 kg)
- 2 Kartoffeln
- 2 Möhren
- 1 Knoblauchzehe
- 1 kleine Zwiebel
- 300 ml Gemüsebrühe
- 200 ml Milch oder Pflanzendrink
- 1 TL Zitronensaft
- 2 EL Tahin (Sesampaste)
- 2 EL Hefeflocken
- ½ TL gemahlener Kreuzkümmel
- Salz, Pfeffer

1 Den Backofen auf 200 °C vorheizen, ein Backblech mit Backpapier belegen. Den Kürbis waschen, halbieren und faseriges Fruchtfleisch sowie Kerne herausschaben. Die Hälften dann in Stücke schneiden. Kartoffeln, Möhren, Knoblauch und Zwiebel schälen und in grobe Stücke schneiden.

2 Das geschnittene Gemüse auf dem Backblech verteilen und im Ofen (Mitte) ca. 30 Min. garen. Danach herausnehmen.

3 Das gebackene Gemüse in einen Standmixer geben. Gemüsebrühe, Milch, Zitronensaft, Tahin, Hefeflocken und Kreuzkümmel zufügen und alles zu einer cremigen Suppe pürieren. Die Suppe mit Salz und Pfeffer abschmecken und nochmals kurz durchmixen. In vier Schalen anrichten und servieren.

ZERO-WASTE-TIPP Nutze die Restwärme des Ofens, um die Kürbiskerne zu rösten. Dafür die Kerne vom faserigen Fruchtfleisch lösen, leicht salzen und auf dem Backblech ausbreiten. In den ausgeschalteten Backofen schieben und rösten, bis sie knusprig sind. Die Kerne sind perfekt als Topping für die Suppe, für einen Salat oder als gesunde Knabberei zwischendurch.

GNOCCHI MIT RAHMWIRSING

Wir singen dem Wirsing ein Loblied! Das kann er gut gebrauchen, denn wirklich beliebt ist er nicht. Völlig zu Unrecht! Der krause Kohlkopf ist nicht nur ein echtes heimisches Superfood, sondern auch fast das ganze Jahr über aus der Region erhältlich. Schreib ihn dir am besten gleich auf deinen Einkaufszettel!

FÜR 3 PERSONEN

- 600 g Wirsing
- 1 Zwiebel
- 1 Knoblauchzehe
- Öl zum Braten
- 200 ml Gemüsebrühe
- 400 g Gnocchi (aus dem Kühlregal)
- 200 g Sahne oder pfanzliche Sahne
- 1 EL gehackter Liebstöckel (frisch oder getrocknet)
- Salz, Pfeffer

1 Die Wirsingblätter einzeln ablösen, waschen und den Strunk entfernen. Die Blätter dann in feine Streifen schneiden und in einem Sieb abtropfen lassen. Zwiebel und Knoblauch schälen und fein hacken.

2 Reichlich Öl in einer Pfanne erhitzen. Zwiebel und Knoblauch darin glasig andünsten. Die Hitze reduzieren und den Wirsing einrühren. Das Gemüse mit der Gemüsebrühe ablöschen und 5–10 Min. köcheln lassen.

3 Danach Gnocchi und Sahne zum Wirsing geben. Alles gut durchrühren und ca. 10 Min. weiterköcheln lassen. Den Wirsing zuletzt mit Liebstöckel, Salz und Pfeffer würzen. In zwei Schalen anrichten und servieren.

TAUSCH-TIPP Statt mit Liebstöckel kannst du den Rahmwirsing auch mit frischer oder getrockneter Petersilie würzen.

GEMÜSE BIS ZUM ALLERLETZTEN BISSEN

Zero Waste bedeutet bei Gemüse, alle essbaren Bestandteile der Pflanze zu verwerten. Also auch Blätter, Stiel und Strunk – leaf to root eben. Ich zeige dir, welche Teile sich für den Alltag eignen und wovon du lieber die Finger lassen solltest.

Anstatt die Blätter bereits im Supermarkt abzulösen, lasse sie das nächste Mal einfach dran und nimm den ganzen Kohlrabi zum Fairwerten mit nach Hause.

In den letzten Jahren wurde es glücklicherweise immer populärer, auch das essbare Grün von Gemüse zu verzehren. Dazu gehören Möhrengrün und die Blätter von Radieschen, Kohlrabi, Blumenkohl, Brokkoli, Roter Bete und Sellerie. In den Blättern stecken oft sogar mehr Nährstoffe als in Knollen und Röschen. Wusstest du, dass sogar der Strunk von Brokkoli und Blumenkohl essbar ist? Einfach schälen, zerkleinern und garen. Auch Kürbiskerne kann man zubereiten – außer die von Zierkürbissen. Geröstet und gesalzen sind sie ein echt leckerer Snack.

Giftig, also nicht essbar sind dagegen die Blätter von Rhabarber, Kartoffeln, Gurken, Bohnen und Tomaten. Wie bereits erläutert, empfehle ich dir, nur die Blätter von Biogemüse weiterzuverarbeiten.

WAS DU ÜBER SOLANIN IN KARTOFFELSCHALEN WISSEN MUSST

Auf Instagram sind immer mehr Videos darüber zu finden, wie sich die Schalen von Kartoffeln zu knusprigen Chips verarbeiten lassen. Das ist grundsätzlich eine gute Idee, aber bei Kartoffelschalen ist dennoch Vorsicht geboten.
Kartoffeln gehören zu den Nachtschattengewächsen und enthalten vor allem in der Schale Solanin. Das Alkaloid schützt die Kartoffel vor Fressfeinden und Krankheitserregern. Nehmen Menschen zu viel Solanin auf, kann das zu Vergiftungserscheinungen wie Übelkeit, Erbrechen oder Schwindel führen. Daher sollte man Kartoffelschalen nur mäßig konsumieren. Und ganz wichtig: Kleine Kinder dürfen grundsätzlich keine Kartoffelschalen essen. Solanin steckt weiterhin auch sehr konzentriert in Trieben und grünen Stellen der Kartoffeln. Bem Zubereiten gilt generell: Sind die Triebe kürzer als 1 cm, können sie entfernt und die

Narben großzügig abgeschnitten werden. Auch kleine grüne Stellen großzügig wegschneiden.

AUF TUCHFÜHLUNG MIT BLÄTTERN, STRUNK & CO.

Das Wichtigste vorab: Du musst nicht immer alles verwerten. Das schaffe auch ich nicht. Trotzdem ist es schön, sich immer wieder bewusst zu machen, was denn alles essbar ist. Radieschenblätter zum Beispiel kommen jetzt auch bei meiner Mama immer mit in die Salatschüssel - das hat mein Papa bis heute nicht bemerkt. Gewaschen und geputzt lassen sich die Blätter zudem wie Spinat verwenden und zum Beispiel zu Aufstrich (Seite 97), Pesto oder Rahmgemüse verarbeiten. Der Strunk vom Brokkoli kann beim Zubereiten als Rohkost geknabbert oder einfach mit den Röschen zubereitet werden. Wenn du gerade keine Zeit hast, das Grün weiterzuverarbeiten, kannst du es mit einem Schuss Wasser in einer Box aufbewahren. So bleibt es im Kühlschrank etwa 3 Tage frisch.

Und hättest du gedacht, dass in Gemüseblättern echtes Knabberpotential steckt? Ob von Blumenkohl, Kohlrabi, Radieschen oder Roter Bete, aus den Blättern lassen sich im Ofen leckere Chips backen (Seite 96). Grundsätzlich finden Blätter auch immer gut in Gemüsepfannen Platz (Seite 87). Wenn du ein Fan von Rouladen bist, behalte besonders Kohlrabiblätter in Zukunft gut im Auge. Schön groß und kompakt, kannst du sie wie gewöhnliche Rouladen füllen, aufrollen und backen oder braten.

SCHRITT FÜR SCHRITT

Taste dich langsam an Blätter & Co. heran. Diese Pflanzenteile sind sehr faserig. Wenn du Ballaststoffe nicht gewohnt bist, iss lieber nicht zu viele Blätter auf einmal. So überforderst du deinen Magen-Darm-Trakt nicht. Auch das Würzen mit Bohnenkraut und Kümmel kann die Verträglichkeit verbessern. Du trinkst gerne grüne Smoothies? Dann mixe doch einfach mal ein paar Gemüseblätter mit hinein.

Blätter ablösen, aber nicht wegwerfen! Wir verarbeiten sie zu Chips, Salat, Rouladen oder Aufstrichen.

Auch das fein-süße Aroma von Fenchelstängeln und Fenchelgrün solltest du dir nicht entgehen lassen. Die Stängel samt Grün einfach sehr fein schneiden und unter einen gemischten Salat heben oder in eine Gemüsesauce geben.

Weiterhin sind auch die Stängel von Kräutern essbar und können wie die Blätter fein geschnitten werden. Für einen besonderen Aromakick in Saucen und Schmorgerichten sorgen ganze Kräuterstängel, die einfach in den Gerichten mitgegart werden.

Natürlich geht es immer noch einen Schritt weiter. Aus Schalen von Zwiebeln, Möhren und Wurzelgemüse kannst du noch eine Gemüsebrühe kochen oder Gewürzpaste zubereiten. Falls du schon zu den Fortgeschrittenen in der Fairwerten-Clique gehörst, findest du auf meinem Blog allmydeer.com ein Rezept für eine Zero-Waste-Gemüsepaste. Taste dich also einfach Schritt für Schritt an dieses Thema heran und teste, was dir persönlich schmeckt. Jetzt aber erstmal viel Spaß beim Ausprobieren meiner Lieblingsrezepte mit Gemüseblättern.

GEMÜSEBLÄTTER-CHIPS

Du hast schon richtig gelesen! Gemüseblätter lassen sich ganz einfach in knusprige Chips verwandeln. Da bist du dir nicht so sicher? Okay, gesunde Skepsis kann nie schaden. Das dachte sich auch meine Mama, als ich ihr die Chips servierte. Doch kurze Zeit später war die Schüssel leer …

FÜR 2 PERSONEN

- 150 g Gemüseblätter (z. B. von Blumenkohl, Grünkohl, Kohlrabi, Radieschen)
- 1 EL Öl
- Salz

1 Den Backofen auf 200 °C vorheizen, ein Backblech mit Backpapier belegen. Die Gemüseblätter gründlich waschen, Stiele entfernen und die Blätter trocken tupfen. Große Kohlrabiblätter in kleinere Stücke zupfen.

2 Die Blätter mit dem Öl vermischen, leicht salzen und gleichmäßig auf dem Backblech verteilen. Im Ofen (Mitte) ca. 15 Min. backen.

3 Die Chips aus dem Ofen nehmen und auskühlen lassen. Danaach sind sie richtig kross. Die Chips nach Belieben nochmals salzen und sofort knabbern oder in ein Glas schichten und innerhalb von 2 Tagen aufbrauchen.

TIPP Wenn du die Blätter vor dem Backen zusätzlich mit 1 EL Hefeflocken vermengst, schmecken die Chips fein nach Käse.

RADIESCHENBLÄTTER-AUFSTRICH

Klein, aber oho! Das trifft nicht nur auf die rote Radieschenknolle zu, sondern auch auf die Blätter. Sie sind fein, aber kräftig und würzig im Geschmack. Das macht sie zur optimalen Zutat für pikante Brotaufstriche! Ich verspreche dir: Nach diesem Rezept landen die Blätter garantiert nicht mehr im Biomüll!

FÜR 1 GLAS

- 100 g Sonnenblumenkerne
- Grün von 2 Bund Radieschen
- 1 Knoblauchzehe
- 4 EL Hefeflocken
- 50 ml Sonnenblumenöl
- 1 EL Zitronensaft
- Salz, Pfeffer

1 Die Sonnenblumenkerne mindestens 2 Std. (besser über Nacht) in Wasser einweichen. Danach in ein Sieb abgießen und abtropfen lassen.

2 Die Radieschenblätter waschen, verlesen und abtropfen lassen. Den Knoblauch schälen. Radieschenblätter, Knoblauch, Sonnenblumenkerne, Hefeflocken, Öl und Zitronensaft in einen Standmixer geben und in Intervallen pürieren. Die Masse dabei immer wieder nach unten schieben.

3 Wenn die gewünschte Konsistenz erreicht ist, den Aufstrich mit Salz und Pfeffer abschmecken. Sofort servieren oder im Kühlschrank lagern und innerhalb von 2–3 Tagen verbrauchen. Der Aufstrich kann auch tiefgekühlt werden.

TAUSCH-TIPP Die Sonnenblumenkerne kannst du durch Cashewkerne, Walnüsse, Mandeln oder Haselnusskerne ersetzen.

BACKWAREN FAIRWERTEN

Ich weiß nicht, wie du zu Backwaren stehst – ich jedenfalls liebe Brötchen, Brezen, Brot, Croissants, Kuchen und Krapfen über alles. Allerdings gibt es auch hier ein Verschwendungsproblem, denn jede fünfte Backware landet hierzulande im Müll.

Deutschland ist auf der ganzen Welt bekannt für seine enorme Brotvielfalt. Brot ist Teil unseres Kulturguts, doch nur die wenigsten wissen, wie man es richtig lagert, auffrischt und haltbar macht. Wenn du dieses Kapitel gelesen hast, gehörst du auf jeden Fall zu denen, die Bescheid wissen.

WO EINKAUFEN?

Um »frisches« Brot zu kaufen, müssen wir nicht mehr zum Bäcker gehen. Beinahe jeder Supermarkt hat eine Selbstbedienungstheke mit einer Auswahl an Brot, Brötchen und anderen Backwaren. Daneben gibt es abgepacktes Brot, Tiefkühlgebäck und Fertigbrötchen zum Aufbacken, nicht zu vergessen das Backwarenregal mit Toast, Wraps, Pitataschen, Fladenbrot, Knäckebrot und Zwieback. Wo wir nun Brot kaufen sollen und wo nicht, möchte ich hier gar nicht thematisieren. Was allerdings immer an erster Stelle unterstützt werden sollte, ist echtes Handwerk. Wenn es also in deiner Nähe eine (Bio-)Bäckerei gibt, die noch selber bäckt, dann probiere dich unbedingt einmal durch ihr Angebot. Natürlich wirst du dort etwas mehr ausgeben als im Backshop. Dafür bekommst du mehr Qualität, Geschmack und Gehzeit.

Gehzeit? Genau, je länger der Teig geht bzw. ruht, desto geschmackvoller und bekömmlicher wird das gebackene Ergebnis. In den Backstraßen der Lebensmittelindustrie ist für lange Teigruhezeiten natürlich keine Zeit. Denn Zeit ist Geld. Falls du es noch nicht getan hast, kaufe dir mal ein reines Roggensauerteigbrot - also ganz ohne Hefe. Dieses saftige und aromatische Brot ist nochmal ein ganz anderes Level. Noch dazu halten sich Sauerteigbrote richtig gelagert über 1 Woche frisch. Auch süßes Gebäck gibt es sowohl günstig abgepackt als auch handgemacht bei deinem Lieblingsbäcker.

BROT VOM VORTAG

Wir sind es gewohnt, dass auch die Bäckertheken noch kurz vor Ladenschluss gut gefüllt sind. Dadurch ist Verschwendung vorprogrammiert. Deshalb bieten viele Bäckereien und teilweise auch Supermärkte Backwaren vom Vortag zum halben Preis an. So kannst du Geld sparen und Lebensmittel retten.

Backwaren vom Vortag machen optisch zwar nicht mehr ganz so viel her, sind aber deswegen nicht schlecht.

Meiner Meinung nach ist immer die richtige Balance der Schlüssel. Je nach Budget verteufele ich es nicht, Backwaren im Backshop oder im Supermarkt zu kaufen. Wechsle einfach mal durch, kaufe Gebäck vom Vortag und gönne dir zwischendurch auch mal eine Leckerei von einer Biobäckerei.

LAGERUNG UND HALTBARKEIT

Die klassische Bäckertüte dient auch als kurzfristige Aufbewahrungsmöglichkeit. Länger als 1 Tag würde ich Brot und Brötchen aber nicht darin liegen lassen. Die bessere Alternative für das Backwerk wie auch für die Umwelt: Nimm deinen eigenen Stoffbeutel mit zum Bäcker oder Supermarkt und verzichte auf die Einwegtüte. Baumwoll- und Leinenbeutel halten die Feuchtigkeit besser im Gebäck und lassen gleichzeitig die Luft zirkulieren.

Wer einen süßen Zahn hat, kennt das Problem von zu vielen süßen Teilchen wahrscheinlich eher nicht.

Süße Gebäckstücke wie Croissants, Blätterteigtaschen, Nussschnecken, Krapfen oder trockener Kuchen können auch 1 Tag bei Zimmertemperatur gelagert werden. Über Nacht würde ich sie aber in den Kühlschrank legen. Kuchen mit Käse-, Sahne- oder Puddingcreme sowie Torten werden immer im Kühlschrank aufbewahrt. Und generell sollten Gebäckstücke immer zeitnah gegessen werden.
Als Zero-Waste-Alternative zur aufwendigen Verpackung in der Bäckerei empfehle ich dir für die süßen Teilchen einfach Boxen mit Deckel zum Einkauf mitzunehmen. Ich verstehe total, dass das Überwindung kostet, in der Bäckerei mit den eigenen Behältnissen anzutanzen. Allerdings habe ich bisher immer mehr Bewunderung als Verachtung dafür geerntet. Also, traue dich!

Als weitere Lagermöglichkeit habe ich bereits auf Seite 38 verschiedene Formen von Brotkästen empfohlen. Einen Brotkasten hat tatsächlich jeder zu Hause, ohne es zu wissen, nämlich den ausgeschalteten Backofen. Wenn du Brot und Brötchen (in Papiertüten oder Stoffbeuteln) darin lagerst, halten sie sich bis zu 3 Tage. Möchtest du salziges Laugengebäck wie Brezen länger als 1 Tag aufbewahren, solltest du sie immer separat von anderen Brötchen und Brot legen oder das Salz ablösen. Das verhindert nämlich, dass sich Feuchtigkeit sammelt und Schimmel bildet. Sehr anfällig für Schimmel sind Fertigbrötchen zum Aufbacken. Wenn du also Aufbackbrötchen kaufst, bereite die ganze Packung zügig zu. Falls es dir zu viele Brötchen sind, lies weiter auf Seite 102f. Dort erkläre ich, wie du sie auffrischen oder für deinen Vorrat tiefkühlen kannst. Brot hält sich grundsätzlich länger als Brötchen - ausgenommen Weißbrot. Abgepackter Toast hält sich meist 1 Woche. Je mehr Vollkornanteil die Backwaren enthalten, desto länger bleiben sie frisch.

Zu guter Letzt möchte ich dir noch Bienenwachstücher für die Lagerung von Brot und Backwaren vorstellen. Sie haben meine Lager-Skills auf ein neues Level gehoben. Die mit Bienenwachs beschichteten Baumwolltücher gibt es in verschiedenen Größen, Farben und Formen. Als vegane Alternative gibt es auch Tücher, die mit Raps- oder Sojawachs überzogen sind. Wickelt man Backwaren darin ein, bleiben sie unfassbar lange weich und saftig, ohne zu schimmeln. Sie können darin sogar eingefroren werden. Die Wachstücher sind wahre Verpackungskünstler und ersetzen Einwegplastik in Form von Frischhaltefolie. Am besten sind Tücher mit Biobienenwachs.

BIENENWACHSTÜCHER PFLEGEN

Bienenwachstücher immer nur mit kaltem Wasser und ein paar Tropfen mildem Biospülmittel säubern und an der Luft trocknen lassen. So hast du lange Freude daran. Dennoch sollten die Tücher nach 1,5 Jahren ausgetauscht werden.

Es gibt sogar Beutel, die vollständig mit Bienenwachs überzogen sind. Darin findet ein ganzer Laib Brot locker Platz. Das Wachs hält die Brotrinde knusprig und das Innere schön weich.

Wenn du regelmäßig Brot und Backwaren isst, lohnt sich die Investition in ein gutes Brotmesser. Wie viel leichter sich die Scheiben schneiden lassen, habe ich auch bei diesem Brotlaib wieder gemerkt.

AUFFRISCHEN UND HALTBAR MACHEN

Manchmal geschieht es eben doch: Brötchen, Brot oder andere Backwaren sind zäh oder trocken geworden. Wie du das verhindern kannst oder Altbackenes wieder rösch und knusprig machst, verrate ich dir hier.

Wenn mein Tiefkühler voll ist, schneide ich übrige Brötchen zum Trocknen in kleine Stücke. Je nach Bedarf kann ich dann daraus Semmelbrösel oder Knödel machen.

Sind Brötchen mal 1 Tag alt, sind sie nicht mehr knusprig. Sind Brötchen 2 Tage alt, werden sie langsam hart. In beiden Fällen macht ein kleiner Trick sie im Handumdrehen schnell wieder knusprig.

AUFBACKEN

»Toast it!« Lautet mein einfacher Trick für labbrige Brötchen vom Vortag. Dafür entweder die Brötchen halbieren und in den Schlitzen des Toasters rösten oder auf dem Gitteraufsatz des Toasters aufbacken. Wieder knusprig werden Brötchen auch in 3 Minuten in der Heißluftfritteuse. Mehrere Brötchen – mehr als vier Stück – kannst du auch im Backofen aufbacken. Mein Energiespartipp: Lege die Brötchen auf den Ofenrost (Mitte), schalte den Ofen ohne Vorheizen auf 170 °C und backe sie etwa 7 Minuten. Schalte dann den Backofen aus und nutze die Restwärme, bis die Brötchen schön knusprig sind. Sind deine Brötchen schon etwas hart geworden, halte sie kurz unter einen Wasserstrahl und backe sie dann 5–10 Minuten bei 170 °C im Ofen. Und voilà, so hast du wieder knusprige Brötchen – fast wie frisch gebacken. Dieser Trick hat bei mir schon echt viele Backwaren gerettet.

BACKWAREN TIEFKÜHLEN

Der beste Tipp für Singlehaushalte oder Menschen, die viel unterwegs sind, ist es, Brot tiefzukühlen. Und zwar nicht im Ganzen, sondern in Scheiben. Diese können einzeln im Toaster binnen Minuten wieder aufgebacken werden. Praktischer geht es einfach nicht! Und auch alle anderen Backwaren können eingefroren werden, also Brötchen, Brezen, Gebäckstangen, süße Teilchen, Kuchen und Croissants.
Dabei ist eine luftdichte Verpackung wichtig. Kurzzeitig kannst du Backwaren zwar auch in Papiertüten

Extracrunch bitte! Zähes Brot oder Brötchen werden als Croûtons zum Hingucker auf deiner nächsten Suppe! Einfach kurz vor dem Servieren die Suppe damit toppen.

oder Stoffbeuteln einfrieren. Dann solltest du sie aber innerhalb 1 Monats aufbrauchen, um ihr Austrocknen zu verhindern. Brot und Backwaren lassen sich auch sehr gut in Bienenwachstüchern einfrieren. Aufgetaut werden Backwaren am besten (über Nacht) bei Raumtemperatur. Wenn es schneller gehen soll, kannst du Toaster, Heißluftfritteuse oder Backofen zu Hilfe nehmen, wie beim Aufbacken beschrieben. Meine Mama hat übrigens eine ganz eigene Auftaumethode entwickelt: Im Winter legt sie tiefgekühlte Brötchen einfach auf einen warmen Heizkörper oder auf den Kachelofen. Dort tauen sie rasch auf und werden dabei schön knusprig.

VON ZÄH ZU KNUSPRIG

Ist dein Brot schon ziemlich zäh geworden, hilft auch tiefkühlen nicht mehr. Doch anstatt dir die Zähne daran auszubeißen, kannst du ganz einfach knusprige Croûtons daraus zaubern. Dafür 2–3 Scheiben Brot oder 1 Brötchen in kleine Würfel schneiden. Diese in einer Schüssel mit 2 TL Gewürz (z.B. Paprikapulver, Currypulver, getrocknete Kräuter) sowie etwas Salz und Pfeffer vermischen und in einer Pfanne in Öl knusprig braten. Als knuspriges Topping sind die Croûtons das i-Tüpfelchen auf Suppe, Salat & Co. Sie schmecken aber auch einfach als kleine Knabberei zwischendurch. Die Croûtons bleiben in einer Box oder in einem Schraubglas etwa 2 Wochen knusprig

Zerkleinern

Wenn du gerade keine Verwendung für deine Brötchen hast und auch dein Gefrierfach voll ist, kannst du sie als Semmelbrösel haltbar machen.

HOW TO: SEMMELBRÖSEL SELBER MACHEN

- Reste von altbackenem Brot, Laugengebäck oder Brötchen in kleinere Stücke schneiden. Auf einem Teller ausbreiten und in 2–3 Tagen ganz trocknen lassen. Zwieback und Knäckebrot können ohne Vortrocknen zu Semmelbröseln verarbeitet werden.
- Wenn die Stücke durchgetrocknet sind, in einen Mixer geben und zu feinen Bröseln zerkleinern.
- Die Semmelbrösel in ein luftdichtes Glas oder in eine Box füllen.

TORTILLA-CHIPS AUS ÜBRIGEN WRAPS

Also, wenn es bei mir Wraps gibt, kann ich nie eine ganze Packung auf einmal verbrauchen. Geht es dir auch so? Anstatt dann irgendwann die vertrockneten Reste zu finden, fairwerte die übrigen Wraps lieber zu Tortilla-Chips. Die schmecken viel besser als gekaufte!

FÜR 2 PERSONEN
- 6 EL Öl
- 2 TL Paprikapulver
- Salz, Pfeffer
- 3 Wraps

1 Den Backofen auf 180 °C vorheizen, ein Backblech mit Backpapier belegen. Öl und Paprikapulver mit einer Gabel verrühren. Mit Salz und Pfeffer würzen.

2 Die Wraps nebeneinander auf die Arbeitsfläche legen und das Würzöl mit einem Pinsel daraufstreichen. Die Wraps dann mit einem Messer oder Pizzaroller in gleich große Dreiecke schneiden.

3 Die Hälfte der Dreiecke auf dem Backblech verteilen und im Ofen (Mitte) ca. 15 Min. backen. Fertige Chips aus dem Ofen nehmen und auf einem Gitter abkühlen lassen. Mit der zweiten Hälfte wiederholen.

4 Die Tortilla-Chips vollständig auskühlen lassen. Danach servieren oder in eine Vorratsdose schichten und innerhalb von 1 Woche aufbrauchen.

TIPP Serviere zu den Tortilla-Chips noch einen Dip. Köstlich dazu schmeckt z. B. der Radieschenblätter-Aufstrich von Seite 97.

BROTSALAT MIT REGIONALEN BOHNEN

Jedes Böhnchen braucht ein Brötchen! Und damit wäre dieses Rezept auf den Punkt gebracht. Falls du noch nie Brotsalat gemacht hast, ist jetzt der Zeitpunkt dafür gekommen. Trockenes Brot oder Brötchen saugen das Dressing auf und schmecken dadurch wieder richtig lecker!

FÜR 2 PERSONEN

FÜR DEN SALAT

- 200 g Brot oder Brötchen
- 1 Glas Dicke Bohnen (200 g Abtropfgewicht)
- 1 Glas Lupinen (200 g Abtropfgewicht)
- 2 Handvoll Rucola
- 4 EL Kürbiskerne
- 4 EL Sonnenblumenkerne
- Salz, Pfeffer

FÜR DAS DRESSING

- 1 EL getrockneter Liebstöckel
- 6 EL Apfelessig
- 4 EL Öl
- 1 TL mittelscharfer Senf

1 Für den Salat den Backofen auf 200 °C vorheizen. Das Brot in mittelgroße Würfel schneiden und auf einem Backblech verteilen. Die Brotwürfel im Ofen (Mitte) ca. 15 Min. rösten.

2 Inzwischen die Bohnen in ein Sieb abgießen und mit Wasser abspülen. Die Lupinen ebenfalls abgießen und aus den Häutchen lösen. Den Rucola waschen und trocken schütteln oder abtropfen lassen.

3 Für das Dressing Liebstöckel, Essig, Öl und Senf in einer Schale verquirlen. (Alternativ in einem Schraubglas durchschütteln.)

4 Die gerösteten Brotwürfel aus dem Ofen nehmen und in eine große Schüssel geben. Bohnen, Lupinen, Rucola, Kürbis- und Sonnenblumenkerne zufügen und alles vermischen. Mit Salz und Pfeffer würzen. Das Dressing über den Salat träufeln und unterheben.

5 Den Brotsalat mindestens 15 Min. durchziehen lassen. Vor dem Servieren nochmals mit Salz und Pfeffer abschmecken.

TIPP Dicke Bohnen und Lupinen findest du im Bioladen oder online. Du kannst stattdessen aber auch Kichererbsen oder Kidneybohnen verwenden.

GLÜCKSRITTER STATT ARME RITTER

Alte Brötchen in einer Mischung aus Eiern und Milch zu tränken und in der Pfanne auszubacken, kennen viele als Arme Ritter. Ich bin der Meinung, dass es Zeit für einen neuen Namen ist, nämlich Glücksritter! Lebensmittel restlos zu fairwerten ist nicht arm, sondern pures Glück!

FÜR 3 PERSONEN

- 200 ml Sojadrink
- 2 EL Kichererbsenmehl
- 1 EL Honig oder Sirup
- 1 Msp. Vanille
- Salz
- 3 Brötchen (vom Vortag)
- Margarine zum Braten

AUSSERDEM

- Joghurt oder pflanzlicher Joghurt zum Servieren
- Konfitüre zum Servieren

1 Sojadrink, Kichererbsenmehl, Honig, Vanille und 1 Prise Salz in einem tiefen Teller verquirlen. Die Brötchen waagerecht halbieren.

2 Etwas Margarine in einer Pfanne erhitzen. Die Brötchenhälften in der Sojadrinkmischung wenden. Die Hälften dann portionsweise in der heißen Margarine von beiden Seiten goldbraun backen.

3 Fertige Glücksritter aus der Pfanne nehmen und mit etwas Joghurt und Konfitüre servieren. Sie schmecken aber auch nur mit etwas Puderzucker bestreut.

VARIANTE Die süßen Glücksritter gelingen auch mit Toast, Brotscheiben oder Brezen. Und wenn du Lust auf ein herzhaftes Gericht hast, dann probiere doch mal **pikante Glücksritter.** Dafür die Sojadrinkmischung ohne Honig und Vanille zubereiten. Die fertig gebackenen Ritter mit Kräutern bestreuen und mit einem frischen Salat servieren.

SELLERIESCHNITZEL MIT BREZENPANADE

Ich glaub, mein Schwein pfeift! Das denke ich mir immer wieder, wenn ich in meine Sellerieschnitzel beiße. Dabei ist gar kein Schwein im Spiel - und trotzdem bzw. genau deshalb schmecken die panierten Selleriescheiben saulecker! Das Rezept ist eines meiner Paradebeispiel dafür, wie aus »Sellerie mag ich nicht!« ein »Das ist echt lecker!« wird.

FÜR 3 PERSONEN

- 1 Knolle Sellerie
- 3 TL Gemüsebrühe (Instant)
- 3 EL süßer Senf
- Salz, Pfeffer
- 150 g getrocknete Brezenstücke
- Mehl zum Wenden
- 200 ml Sojadrink
- 2 EL Hefeflocken
- 2 EL Kichererbsenmehl
- Öl zum Braten

1 Den Sellerie schälen und in daumendicke Scheiben schneiden. Einen Topf mit 1,5 l Wasser füllen, die Gemüsebrühe zugeben und aufkochen. Die Selleriescheiben in die Gemüsebrühe legen und 5–10 Min. darin köcheln lassen, bis sich eine Gabel leicht hineinstechen lässt.

2 Die gegarten Scheiben auf ein sauberes Geschirrtuch legen und kurz abkühlen lassen. Danach etwas trocken tupfen, von beiden Seiten dünn mit Senf bestreichen und mit Salz und Pfeffer würzen.

3 Die Brezen in einem Standmixer zu Bröseln zerkleinern und in einen tiefen Teller geben. Etwas Mehl in einem zweiten tiefen Teller verteilen. Sojadrink, Hefeflocken und Kichererbsenmehl in einem dritten tiefen Teller verquirlen.

4 Die Selleriescheiben nacheinander zuerst im Mehl, dann in der Sojadrinkmischung und zuletzt in den Brezenbröseln wenden.

5 In einer Pfanne großzügig Öl erhitzen. Die Sellerieschnitzel portionsweise darin von beiden Seiten goldbraun ausbacken. Herausnehmen und heiß servieren. Dazu schmeckt Kartoffelsalat (Seite 149).

TIPP Nach dem Panieren die Reste von Sojadrinkmischung und Brezenpanade in einem Teller zusammengießen und verrühren, bis eine klebrige Masse entsteht. Diese flach drücken und als Zero-Waste-Panadenschnitzel in der Pfanne mitbraten.

KÜHLPRODUKTE FAIRWERTEN

Wenn Lebensmittel gekühlt werden müssen, heißt das nicht automatisch, dass sie nicht lange haltbar sind. Wichtig ist vor allem, die Kühlkette aufrechtzuerhalten und das Mindesthaltbarkeitsdatum richtig zu lesen. Das ist echt nicht schwer!

Als Kühlprodukte verstehe ich alle Lebensmittel, die im ungeöffneten Zustand gekühlt gelagert werden müssen. Also Milchprodukte, Fisch, Fleisch und Wurstwaren, (Halb-)Fertiggerichte und pflanzliche Alternativen. Auch Eier zähle ich dazu. Sie werden zwar im Supermarkt nicht gekühlt, müssen zu Hause jedoch in den Kühlschrank.

RUND UM DEN EINKAUF

Wie ich auf Seite 24 erläutert habe, ist eine möglichst nachhaltige Ernährungsform überwiegend pflanzlich ausgelegt, sie kann aber auch wenige tierische Produkte enthalten. Wenn ich Käse, Joghurt oder Eier kaufe, ist bio für mich der Mindeststandard. Noch strenger als die Vorgaben des EU-Biosiegels sind die Richtlinien der deutschen Anbauverbände. Die größten und bekanntesten sind Demeter, Naturland und Bioland. Mittlerweile gibt es sogar bei Discountern Bioprodukte mit Verbandsbiosiegel. Ist das wirklich nachhaltig? Darüber lässt sich streiten. Positiv daran ist, dass sich mehr Menschen Bioprodukte leisten können. Gleichzeitig ist es jedoch wichtig, dass die Biolandwirte nicht im Preis gedrückt werden. Wenn du das nächste Mal zum Kühlregal gehst, schau doch in der Ecke mit den reduzierten Produkten vorbei. Auch wenn das MHD sehr kurz ist, sind die Lebensmittel oft noch länger haltbar. So kannst du – wie bei Brötchen vom Vortag – Geld sparen und etwas gegen Lebensmittelverschwendung tun. Nach dem Einkauf sollten alle (Tief-)Kühlprodukte so schnell wie möglich in deinen Kühlschrank.

KORREKT LAGERN

Dass Kühlprodukte in den Kühlschrank gehören, ist klar. Ich bin sehr begeistert vom Null-Grad-Fach meines Kühlschranks. Eigentlich für frisches Fleisch und Fisch gedacht, nutze ich es überwiegend für selbst gemachte Aufstriche, Joghurt, Quark, Käse, Tofu und pflanzliche Wurstalternativen. Besonders geöffnete Packungen sind hier länger haltbar, ohne zu gefrieren. Dein Kühlschrank hat keine Null-Grad-Zone? Dann nutze einfach das unterste Fach, also die erste Ebene über dem Obst- und Gemüsefach, für Milchprodukte sowie für Fleisch und Fisch.
Wichtig für die Haltbarkeit: Alle geöffneten Verpackungen müssen wieder gut verschlossen werden. Das verhindert auch unangenehme Gerüche im Kühlschrank. Geöffneten Tofu lege ich immer in eine Edelstahlbox. Joghurtbecher lassen sich mit wiederverwendbaren Deckeln verschließen und Käse trocknet in Bienenwachstüchern nicht aus. Achtung: Fisch, Fleisch und Wurst dürfen nicht in Bienenwachstüchern gelagert werden! Die beste Lagerung für Eier bietet das Eierfach in der Kühlschranktür.

Öfter mal was Neues: Versuche bei Wurst, Käse oder Pudding mal zur pflanzlichen Alternative zu greifen.

Achte beim Einräumen darauf, neu Gekauftes immer hinter bereits vorhandene Produkte zu stellen. So wird immer zuerst das Vorhandene verbraucht und nichts gerät in Vergessenheit. Denke auch nach einem ausgiebigen Frühstück daran, Käse, Joghurt und Aufstriche möglichst zügig wieder in den Kühlschrank zu räumen – vor allem im Sommer oder wenn die Sonne darauf scheint. Damit ist jedoch nicht gemeint, dass du dein Frühstück nicht mehr in Ruhe genießen sollst und alles binnen Sekunden zurückstellen musst.

SOS-TIPP

Gegen unangenehmen Kühlschrankgeruch helfen Kaffeebohnen. Die Bohnen in kleine Gläser füllen und im Kühlschrank verteilen. Sie neutralisieren schlechte Gerüche.

HALTBARKEIT VON KÜHLPRODUKTEN

Hättest du gedacht, dass ein Becher Joghurt oder ein Block Tofu auch 6 Monate nach Ablauf des MHD noch gut sind? Das ist kein Scherz, sondern das Ergebnis einer Testreihe des Greenpeace Magazins.

Um Joghurt auf seine Haltbarkeit zu überprüfen, einfach mal probieren. Dabei reicht die Spitze eines Teelöffels – falls er nicht mehr gut ist, ausspucken!

Da das Mindesthaltbarkeitsdatum (MHD) eine der Hauptursachen von Lebensmittelverschwendung ist, habe ich ihm ein eigenes Kapitel gewidmet (Seite 60f). Sehr wichtig ist es, dass frisches Fleisch und frischer Fisch ein Verbrauchsdatum haben und dieses auch strikt eingehalten wird. Das MHD dagegen ist lediglich eine Herstellergarantie. Dass es nicht die tatsächliche Haltbarkeit der Produkte widerspiegelt, zeigen die Ergebnisse verschiedener Testreihen des Greenpeace Magazins. Dort wurde ein Joghurt erst 9 Monate nach Ablauf des MHD ungenießbar. Mit anderen Worten war er noch ein Dreivierteljahr länger haltbar als auf der Packung angegeben! Vertraue also lieber deinen Sinnen Sehen, Riechen und Schmecken.

DIE SINNESTESTS

Wenn man es nicht gewohnt ist, ist es anfangs schwer, sich auf seine Sinne zu verlassen. Es ist kein Problem, Schimmel auf dem Frischkäse zu sehen oder zu riechen, wenn die Milch sauer ist. Aber etwas zu probieren, was schlecht sein könnte? Da hast du Angst? Das kann ich nachvollziehen. Doch du wirst sofort schmecken, wenn etwas nicht mehr gut ist. Unser Körper ist schlauer als du denkst. Es reicht wirklich die Spitze eines Teelöffels. Wenn es nicht schmeckt, sofort ausspucken. Bist du dir nicht sicher, entsorge das Lebensmittel lieber. Mit der Zeit entwickelst du Sicherheit beim Probieren.

Die Haltbarkeit von Kuhmilch hängt davon ab, wie sie vor dem Verkauf erhitzt wurde. Es gibt frische Milch (Rohmilch) direkt vom Bauernhof, »länger frische« Milch (ESL-Milch) aus dem Kühlregal und haltbare Milch (H-Milch). Ungeöffnet halten sich »länger frische« Milch gekühlt bis zu 3 Wochen, H-Milch bis zu 6 Monate. Geöffnet sollten beide innerhalb von

4-5 Tagen verbraucht werden. Bei Milchalternativen steht häufig auf der Packung, dass sie ebenfalls innerhalb von 3-5 Tagen verzehrt werden sollen. Meiner Erfahrung nach halten sie sich aber 7-10 Tage frisch. Hier mache ich regelmäßig den Riech- und Geschmackstest. Was du sonst noch wissen solltest: Viele Milchprodukte lassen sich problemlos untereinander austauschen. Quark mit etwas Wasser angerührt ist eine gute Alternative für Joghurt. Und auch saure Sahne, Crème fraîche oder Schmand ersetzen sich gegenseitig. Dieses Wissen erleichtert es, Milchprodukte aufzubrauchen. Mehr dazu findest du in der Zutaten-Tauschbörse auf Seite 182f.

DER EIERTEST

Auch abgepackte Eier haben ein Mindesthaltbarkeitsdatum. Dafür gibt es eine feste Formel: Legedatum + 28 Tage = MHD des Eis. Doch auch das ist eigentlich viel zu kurz. Im Kühlschrank halten sich Eier teilweise bis zu 4 Monate länger. Bei rohen Eiern ist ein Sinnestest schwierig, doch mit einem simplen wie genialen Trick lässt sich prüfen, ob rohe Eier noch frisch sind: Fülle ein Glas mit Wasser. Gib das Ei vorsichtig in das Wasserglas und beobachte, was passiert. Sinkt das Ei und landet horizontal am Boden, ist es noch frisch. Sinkt es nur mit der Spitze zu Boden, ist es noch gut, aber nicht mehr ganz so frisch. Dieses Ei sollte rasch verbraucht werden. Schwimmt das Ei lediglich im Wasser und kommt nicht in Kontakt mit dem Boden, ist es nicht mehr frisch. Dieses Ei solltest du zur Sicherheit entsorgen.

AUFFRISCHEN UND TIEFKÜHLEN

Nicht nur tiefkühlen, sondern auch verkochen und in Milch einlegen sind bei Kühlprodukten im Alltag meine Asse im Ärmel.

In Milch einlegen? Sind die Ränder vom Käse ausgetrocknet, kannst du sie entweder abschneiden oder den Käse wieder auffrischen - ähnlich wie Gemüse. Das funktioniert mit Käsescheiben und -stücken. Dafür legst du den Käse in einen tiefen Teller, gießt etwas Milch darüber und stellst den Teller 30 Minuten in den Kühlschrank. Danach den Käse aus der Milch nehmen, trocken tupfen und genießen. Die übrige Milch nicht wegschütten! Fülle sie in ein Schraubglas und verwende sie in den nächsten Tagen beim Kochen, zum Beispiel für cremige Saucen.

Sinkt ein rohes Ei in einem Wasserglas nach unten und bleibt am Boden liegen, ist es noch frisch.

Käse lässt sich prima tiefkühlen, am besten am Stück, aber auch in Scheiben. Gleiches gilt für Schinken und Wurstwaren. Dabei muss ich an meine Tante denken, deren Gefrierschrank oft einem Mini-Supermarkt gleicht. Ich finde das toll, denn vor allem wenn man alleine lebt, ist es oft schwer, ganze Packungen aufzubrauchen. Besonders dann, wenn man nicht jeden Tag dasselbe essen möchte. Weiterhin kannst du auch Butter und frische Hefe gut tiefkühlen. Auch Milch(alternativen), Frischkäse und Quark lassen sich frosten. Was es dabei zu beachten gibt, erfährst du auf Seite 40f.
Ideen, um übrige Milch zu verbrauchen:
- Cornflakes oder Müsli mit Milch frühstücken
- Pudding kochen
- Milchreis oder Grießbrei zu Mittag essen

Jetzt ist es wahrscheinlich keine Überraschung mehr für dich, dass ich auch Schupfnudeln tiefkühle. Sowohl fertig zubereitete als auch noch ungebratene aus dem Kühlregal. Falls du noch eine Packung im Kühlschrank hast und beispielsweise in den Urlaub fährst, kannst du sie einfach in das Tiefkühlfach legen. Die gefrosteten Schupfnudeln dann vor der Zubereitung über Nacht im Kühlschrank auftauen lassen und wie gewohnt in der Pfanne knusprig braten. Gleiches gilt für Gnocchi, Maultaschen, Knödel oder Spätzle.

JOGHURTDIP

Joghurt kombinieren wir meist mit süßen Zutaten. Aber er lässt sich genauso gut herzhaft zubereiten und als erfrischender Dip zu Wraps, Salaten, Brot, Kartoffeln & Co. servieren.

FÜR 2 PERSONEN

- ¼ Bund Schnittlauch (frisch oder getrocknet)
- 200 g Joghurt oder pflanzlicher Joghurt
- 1 TL scharfer Senf
- 1 EL Apfelessig
- 1 EL Öl
- Salz, Pfeffer

1 Den Schnittlauch waschen und fein schneiden. Joghurt, Senf, Apfelessig und Öl in einer Schale gut verrühren.

2 Den Schnittlauch unterrühren und den Dip mit Salz und Pfeffer abschmecken. Sofort servieren oder in ein Glas füllen und im Kühlschrank lagern. Den Dip innerhalb von 3–4 Tagen aufbrauchen.

VARIANTE Für ein erfrischendes **Zaziki** den Schnittlauch durch 1 fein geriebene Knoblauchzehe ersetzen. Zusätzlich noch ½ Salatgurke zum Joghurt raspeln und alles vermischen.

ORANGEN-LASSI

Du magst Joghurt doch lieber fruchtig statt herzhaft? Dann hole schon mal deinen Joghurt aus dem Kühlschrank und den Mixer aus dem Schrank. Mit diesem fruchtigen Lassi sind deine Joghurtreste im Nu weggetrunken!

FÜR 1 GLAS
- 2 kleine Orangen
- 150 g Joghurt
- 50 ml Milch oder Pflanzendrink
- 1 TL Honig oder Sirup

1 Die Orangen schälen und in Segmente teilen. Reste der weißen Innenhaut grob von den Segmenten abzupfen.

2 Orangenstücke, Joghurt, Milch und Honig in einen Standmixer geben und cremig pürieren. Den Lassi in ein hohes Glas füllen und sofort genießen.

TIPP Das Joghurtgetränk Lassi stammt ursprünglich aus Indien. Lassi erfrischt und tut der Verdauung gut. Der Drink schmeckt auch mit allen anderen Früchten und naturlich mit deinen Lieblingsfrüchten..

WIE SCHINKENNUDELN, ABER OHNE SCHINKEN

Perfekt, wenn du noch Nudeln vom Vortag hast. Perfekt, wenn noch Tofu oder Veggie-Wurst wegmüssen. Perfekt, wenn du nicht viel Zeit hast.

FÜR 2 PERSONEN

- Salz
- 250 g Nudeln (ergibt ca. 500 g gekochte Nudeln)
- 200 g Räuchertofu
- 2-3 Scheiben Veggie-Wurstaufschntt
- 1 Zwiebel
- 1 Knoblauchzehe
- Öl zum Braten
- 2 EL Sojasauce
- Pfeffer

1 In einem Topf Wasser aufkochen und salzen. Die Nudeln darin bissfest garen. Danach in ein Sieb abgießen und abtropfen lassen.

2 In der Zwischenzeit Räuchertofu und Veggie-Wurst in feine Streifen schneiden. Zwiebel und Knoblauch schälen und fein würfeln.

3 Reichlich Öl in einer großen Pfanne erhitzen. Die Zwiebel- und Knoblauchwürfel darin anbraten. Tofu und Veggie-Wurst zugeben, mit Sojasauce ablöschen und alles gut verrühren. Dann die Hitze etwas reduzieren und die Mischung ca. 5 Min. braten.

4 Die abgetropften Nudeln in die Pfanne geben, alles gut vermischen und noch 5-10 Min. weiterbraten. Die Nudelpfanne mit Salz und Pfeffer abschmecken, auf zwei Tellern anrichten und warm servieren.

TIPP Es sind noch frische Kräuter da? Dann streue sie fein geschnitten über das fertige Gericht. Sie geben ihm zusätzlich Farbe und Aroma. Diese unkomplizierte Nudelpfanne kannst du auch kalt genießen oder für eine Mahlzeit außer Haus einpacken..

OBAZDA RELOADED

Der Biergartenklassiker neu gemischt: Auch wenn dir die Zutaten auf den ersten Blick etwas seltsam vorkommen, probiere das Rezept unbedingt aus! Du wirst staunen, wie lecker diese Kombination schmeckt.

FÜR 2 PERSONEN

- 50 g Sonnenblumenkerne
- 4 Reiswaffeln
- 1 kleine Zwiebel
- 1 Knoblauchzehe
- 150 g Frischkäse oder pflanzlicher Frischkäse
- 2 EL Hefeflocken
- 2 TL edelsüßes Paprikapulver
- ½ TL gemahlener Kümmel
- Salz, Pfeffer

1 Die Sonnenblumenkerne in einer Schüssel mit kaltem Wasser bedecken und mindestens 1 Std. quellen lassen.

2 Die Reiswaffeln in eine kleine Schüssel bröseln und 2 EL Wasser untermischen. Zwiebel und Knoblauch schälen und sehr fein würfeln.

3 Die Sonnenblumenkerne in ein Sieb abgießen, abspülen und abtropfen lassen. Mit dem Frischkäse in einen Standmixer geben und möglichst fein pürieren.

4 Sonnenblumenkern-Frischkäse-Mix, eingeweichte Reiswaffeln, Zwiebel- und Knoblauchwürfel in einer Schüssel glatt verrühren. Die Creme mit Hefeflocken, Paprikapulver, Kümmel, Salz und Pfeffer würzen. Den Obazda nochmals gut vermischen, abschmecken und servieren.

TIPP Der Obazda schmeckt am besten zu frischen Brezen oder einer dicken Scheibe Brot. Auch ein paar Schnittlauchröllchen obendrauf bekommen ihm gut. Die Creme lässt sich gut vorbereiten und kann über Nacht im Kühlschrank gelagert werden. Dabei intensiviert sich ihr Geschmack noch.

TROCKENPRODUKTE UND KONSERVEN FAIRWERTEN

Haltbare Trockenprodukte kann man nie genug haben? Ich bin der Meinung: Man kann. Es sei denn, du wohnst abseits jeglicher Zivilisation. Davon gehe ich jetzt aber nicht aus.

Sinnvolle Vorräte anlegen ohne zu hamstern, ist meine Devise bei Trockenprodukten und Konserven. So bekommst auch du das ganz einfach hin.

BEDARFSGERECHT EINKAUFEN

Wer kennt das nicht: Du gehst einkaufen und bekommst spontan Lust, abends Nudeln mit Pesto zu essen. Also kaufst du alles dafür ein. Zu Hause angekommen, merkst du, dass da eigentlich noch drei volle Packungen Nudeln in deinem Regal stehen. Ups, die hattest du ganz vergessen. Damit dein Vorratsregal nicht irgendwann aus allen Nähten platzt, erkläre ich im Kapitel »Clevere Küchenorganisation«, wie du Routinen in deinem Alltag etablierst, damit genau das nicht passiert (Seite 48ff). Zum Verständnis: Grundsätzlich ist es nicht schlimm, wenn mal ein paar Packungen Nudeln mehr im Schrank stehen. Je mehr Vorräte wir allerdings zu Hause haben, desto größer ist das Risiko, dass etwas schlecht oder vielleicht sogar weggeworfen wird. Gehen wir gedanklich nochmal zurück in den Supermarkt: Dort gibt es viele Lebensmittel in verschieden großen Packungseinheiten. Haferflocken zum Beispiel in Packungen zu 500 g oder 1 kg, Essiggurkengläser mit einem Abtropfgewicht von 150 g oder von 300 g. Du weißt, was ich meine. Grundsätzlich sind große Packungen auf den Kilopreis gerechnet immer günstiger. Allerdings solltest du - vor allem bei angepriesenen XXL-Packungen - immer überlegen, ob du den Inhalt auch wirklich vollständig aufbrauchen kannst. Deshalb ist es nachhaltiger und für dich wahrscheinlich auch günstiger, wenn du die kleine Packung kaufst und ganz aufbrauchst, als die Großpackung zu kaufen und dann nur halb zu essen.

RUND UM DIE LAGERUNG

Nudeln, Reis, Couscous, Getreideflocken, Müsli, Kekse & Co. solltest du nach dem Öffnen immer trocken und luftdicht lagern. Ich verwende dafür am liebsten Bügelgläser mit Dichtungsgummiring. Auch Schraubgläser oder Dosen eignen sich. Wichtig ist, dass sie wirklich luftdicht sind. Das verhindert einerseits, dass Lebensmittelmotten die Vorräte befallen, andererseits wird Feuchtigkeit zurückgehalten und zum Beispiel Kekse trocknen nicht aus. Das Praktische an Konserven: Sie können bei Raumtemperatur gelagert werden. Einmal geöffnet müssen sie dann aber in den Kühlschrank. Das gilt beispielsweise für passierte Tomaten, Hülsenfrüchte, eingelegtes Gemüse, Apfelmus, Senf und Ketchup.
Auch geöffnete Trockenprodukte können leicht verderben: Besonders Nüsse, Lein- und Hanfsamen werden schnell ranzig. Deshalb die Packung immer zügig aufbrauchen. Gleiches gilt für Öle aus Nüssen oder Samen. Die Flaschen nach dem Öffnen also in den Kühlschrank stellen. Getrocknete Nüsse in der Schale sind dagegen bis zu 2 Jahre haltbar, wenn sie trocken gelagert werden. Auch Schokolade lagere ich gerne im Kühlschrank, vor allem im Sommer. Wichtig zu wissen: Dabei bekommt Schokolade mit der Zeit einen weißen Belag. Das ist kein Schimmel, sondern einfach nur Kakaobutter, die an die Oberfläche wandert. Wenn dich das optisch stört, kannst du den weißen Film einfach mit den Fingern oder mit einem trockenen Tuch abwischen.

HALTBARKEIT

In Bezug auf das Mindesthaltbarkeitsdatum gilt das, was ich schon oft wiederholt habe: Nutze deine Sinne. Vor allem bei Nudeln, Reis, Zucker und Salz ist das MHD eigentlich abwegig. Ich erinnere gerne daran, dass Salz entweder aus dem Meer oder aus Gestein kommt. Dort lagert es schon Tausende von Jahren. Wir bauen es ab, füllen es in Tüten und dann bekommt es ein Mindesthaltbarkeitsdatum. Etwas absurd, oder? Im Klartext: Salz kann nicht ablaufen. Erkennst du in Lebensmitteln Fäden oder sogar kleine Larven, handelt es sich höchstwahrscheinlich um einen Mottenbefall. So befallene Lebensmittel unbedingt im Restmüll entsorgen! Das gilt vorsorglich auch für alle anderen Lebensmittel in deiner Küche, die nicht luftdicht verpackt sind. Da sich Larven sogar durch dünne Verpackungen nagen können, ist es auch ratsam, nicht zu viele Vorräte zu Hause zu haben. Hast du alles entsorgt, reinige Regale und Schränke gründlich. Ich habe in meiner Küche immer vorsorglich Klebestreifen, die männliche Motten anlocken. Das verhindert zwar nicht den Befall, aber die Ausbreitung und ist wie eine Art Warnung. Solltest du trotz aller Vorsichtsmaßnahmen immer wieder mit Mottenbefall zu kämpfen haben, erkundige dich nach Schlupfwespen. Diese natürlichen Feinde der Motten können helfen, Motten nachhaltig zu bekämpfen. Und keine Angst, Schlupfwespen haben nichts mit gewöhnlichen Wespen zu tun. Sie sind mit bloßem Auge kaum erkennbar und verschwinden von alleine, wenn keine Motteneier mehr da sind.

TROCKENPRODUKTE & CO. RESTLOS AUFBRAUCHEN

Bei Trockenprodukten ist eher das restlose Verbrauchen statt das Haltbarmachen ein Thema. Ich wäre aber nicht ich, wenn ich keine Tiefkühltipps parat hätte. On top gibt es noch ein paar kreative Ideen zum Aufbrauchen.

Getreidekörner wie Dinkel, lassen sich auch im Ganzen kochen und z. B. als Frühstück zubereiten, als Beilage servieren, oder in Eintöpfe verwenden.

HALTBAR MACHEN

Problemlos tiefkühlen lassen sich alle Arten von geschälten Nüssen. So lässt es sich ganz einfach vermeiden, dass größere Mengen ranzig werden. Auch geöffnete Konserven kann man tiefkühlen: Tomatensauce und -mark, gekochte Hülsenfrüchte, Aufstriche, Dips und Pasten. Nutze Eiswürfelformen, um diese Lebensmittel portionsweise einzufrieren.

ALLERLEI AUFBRAUCH-IDEEN

Die offene Kekspackung will niemand mehr sehen, die Tüte Mehrkornflocken wird auch nicht leerer und von Weihnachtsmännern hast du gerade auch genug. Dass wir auf bestimmte Lebensmittel phasenweise keine Lust haben, ist ganz normal. Damit sie zeitnah verbraucht werden, hilft es oft, sie nicht pur zu essen, sondern kreativ in leckeren Gerichten zu verarbeiten. Ich habe dir auf der rechten Seiten eine kleine Liste dazu zusammengestellt. Leider kann ich dir hier nicht zu jeder Idee ein eigenes Rezept bieten. Aber nimm die Inspirationen doch einfach mit in deine Küche und probiere selbst ein bisschen aus! Auch in Apps wie »Zu gut für die Tonne« oder »ResteGourmet« findest du Rezeptideen basierend auf den Zutaten, die du verbrauchen möchtest.

AQUAFABA CLEVER NUTZEN

Aquafaba ist die glibberige Flüssigkeit, die du in Gläsern und Dosen von gekochten Kichererbsen und anderen Hülsenfrüchten findest. Anstatt es wegzuschütten, kannst du es als veganen Eiweißersatz nutzen und auch zu Schnee aufschlagen. Wenn du das Aquafaba nicht sofort brauchst. kannst du es einfach portionsweise tiefkühlen.

ZUTAT	MÖGLICHE VERWENDUNG
Kekse	Schichtdessert Tiramisu (Seite 140) Käsekuchen ohne Backen (Seite 174) Cake Pops
Konfitüre	1 Löffel mit Naturjoghurt zu Fruchtjoghurt verrühren fast leere Gläser mit Milch füllen, schütteln und als fruchtigen Milchshake genießen Blechkuchen backen und mit Konfitüre bestreichen
Nüsse und Samen	rösten und als Topping für Salate und Suppen verwenden mit ins Müsli geben beim Backen mit Leinsamen das Ei ersetzen (Seite 184) Nussmus (Seite 135)
Essig und Öl	Zero-Waste-Dressing (Seite 127) Mayonnaise aus Gurkensud (Seite 126) 1 Schuss Essig rundet Gerichten geschmacklich ab 1 Schuss Essig und Natron ersetzen Backpulver (Seite 183) Apfelessig zum Entkalken des Wasserkochers nutzen
Senf	für Dressings verwenden Tofu marinieren auf Brötchen, Sandwiches und belegte Brote streichen
Schokolade	im heißen Wasserbad schmelzen und wie Kuvertüre verwenden Schokoladenpudding Schokofrüchte selber machen in Stücke brechen und zum Backen verwenden Mousse au Chocolat (Seite 138)
Kichererbsen und Hülsenfrüchte	Hummus (Seite 88) rösten und als Topping auf Eintöpfe und Suppen streuen Chili con Kartoffel (Seite 166) als Zutat für Currys und Eintöpfe verwenden
Trockenobst	zum Süßen von Kuchen verwenden Energiebällchen (Seite 134) mit ins Müsli geben für eine fruchtige Note in Salate schneiden
Getreideflocken	Porridge kochen Veggie-Bohnenbällchen (Seite 131) zum Binden von (pflanzlichen) Frikadellen vewenden Knuspermüsli (Seite 172)
Couscous, Hirse, Bulgur, Quinoa	Reste-Bowl (Seite 129) Couscous-Salat (Seite 132) Hirsetaler (Seite 163) als Beilage servieren süß zubereiten und als Frühstücksbrei genießen

MAYONNAISE AUS GURKENSUD

Ich bin eine absolute Essiggurkensud-Liebhaberin. Mal ein Schlückchen zwischendurch, als Marinade für den Salat oder wie hier für Mayo.

FÜR 1 KLEINES GLAS
- 150 ml Gurkensud (von Essiggurken)
- 150 g Cashewmus

1 Den Gurkensud durch ein Sieb in einen Standmixer gießen. Das Cashewmus zugeben und mixen, bis eine homogene Creme entsteht. (Alternativ alles mit einem Pürierstab glatt mixen.)

2 Die Mayonnaise sofort verwenden oder in ein Glas füllen, verschließen und im Kühlschrank aufbewahren. Dabei wird sie noch etwas fester. Innerhalb von 2 Wochen aufbrauchen.

TAUSCH-TIPP Das Cashewmus kannst du durch weißes Mandelmus oder helles Tahin (Sesampaste) ersetzen.

ZERO-WASTE-DRESSING

Ich habe ja bereits verraten, dass ich Essiggurkensud sehr schätze. Er enthält fast alles, was es für ein gutes Dressing braucht: Essig, Gewürze, Süße und Salz. Um das Dressing zu vollenden, benötigen wir nur das Öl-Pendant - zum Beispiel das Einlegeöl von Antipasti.

FÜR 2 PERSONEN

- 6 EL Gurkensud (von Essiggurken)
- 4 EL Einlegeöl von Antipasti
- Salz, Pfeffer

1 Den Gurkensud durch ein Sieb in eine Schale gießen. Das Einlegeöl zugeben und verquirlen. Das Dressing mit Salz und Pfeffer abschmecken.

2 Das Dressing sofort über einen Salat träufeln oder in ein Glas füllen, verschließen und im Kühlschrank aufbewahren.

TIPP Sind gerade Gläser von Essiggurken, Essiggemüse oder eingelegtem Käse leer geworden, gieße ich den verbliebenen Einlegesud immer sofort durch ein Sieb in ein frisches Glas. Damit kann ich Dressings nach Bedarf zubereiten.

SALAT-TOPPING AUS CHIPSRESTEN

Etwas Crunch schadet nie! Einfache Salate lassen sich mit knusprigen Toppings kinderleicht aufpeppen. Diesmal kommt der Crunch aus der Chipstüte: Reste, die keiner mehr essen mag, sind als Topping plötzlich wieder heiß begehrt!

FÜR 1 GLAS

- 50 g Chipsreste (oder Reste von Brezeln, Flips, Knabbergebäck, Knäckebrot)

1 Die Chipsreste in einen Standmixer geben und grob zerkleinern. (Alternativ die Reste in einen Gefrierbeutel geben, verschließen und mit einem Nudelholz vorsichtig zerdrücken.)

2 Die zerkleinerten Stücke sofort als Topping verwenden oder in ein Glas füllen und luftdicht verschlossen lagern.

TIPP Sammle kleine Chipsreste für dein Topping in einer Dose und bereite das Topping auf Vorrat zu.

RESTE-BOWL

Hier sind deiner Kreativität keine Grenzen gesetzt! Hole einmal alles aus deinem Kühlschrank und richte es hübsch in einer Schale an. Fertig ist deine Reste-Bowl - jedes Mal einzigartig.

FÜR 1 PERSON

- 1 Handvoll Rucola
- 200 g Ofengemüse (Seite 88)
- 2 Scheiben Veggie-Wurstaufschnitt
- 2 EL Obazda (Seite 120)
- 1 kleine Portion Nudelsalat
- 1 kleines Stück Gemüsestrudel
- 1 Handvoll Tortilla-Chips (gekauft oder selbst gemacht Seite 105)
- Sesam zum Bestreuen

1 Den Rucola waschen und trocken schütteln oder gut abtropfen lassen. Dann mit Ofengemüse, Veggie-Wurst, Obazda, Nudelsalat und Gemüsestrudel in einer Schale oder einem tiefen Teller anrichten.

2 Zuletzt die Tortilla-Chips in die Mitte geben und die Bowl mit Sesam bestreuen. Sofort genießen.

TIPP Die Reste-Bowl ist perfekt, um vor dem Urlaub den Kühlschrank leer zu bekommen. Diese Zusammenstellung dient nur als Beispiel, was alles möglich ist. Etwas Rucola oder ein paar frische Salatblätter sollten jedoch immer mit in deiner Bowl sein.

VEGGIE-BOHNENBÄLLCHEN

We love Bällchen! Egal ob süß oder herzhaft, Bällchen sind immer auf unseren Tellern willkommen. Überhaupt sollten wir mehr Abwechslung dabei schaffen, in welcher Form unser Essen serviert wird. Fest steht: Kugeln sind immer eine runde Sache!

FÜR CA. 15 STÜCK

- 1 Glas Kidneybohnen (230 g Abtropfgewicht)
- 1 Zwiebel
- 1 Knoblauchzehe
- 50 g Haferflocken
- 4 EL Tomatenmark
- 2 EL Speisestärke
- 2 TL edelsüßes Paprikapulver
- 1 EL getrocknete italienische Kräuter
- 1 EL Sojasauce
- Pfeffer
- Salz
- Öl zum Braten

1 Die Kidneybohnen in ein Sieb abgießen, kalt abspülen und abtropfen lassen. Zwiebel und Knoblauch schälen und fein würfeln.

2 Kidneybohnen und Haferflocken in einen Standmixer geben und grob mixen. Zwiebel, Knoblauch, Tomatenmark, Speisestärke, Paprikapulver, Kräuter, Sojasauce und 1 Prise Pfeffer zugeben. Alles mixen, bis eine homogene, klebrige Masse entsteht. Dabei die Masse immer wieder vom Rand in den Mixtopf zurückschieben. Die Masse mit Salz abschmecken.

3 Die Handflächen mit Wasser befeuchten und aus der Bohnenmasse ca. 15 gleich große Bällchen formen.

4 Reichlich Öl in einer Pfanne erhitzen und die Bällchen darin rundum knusprig anbraten. Die Bällchen dann zugedeckt bei mittlerer Hitze noch 10–15 Min. ziehen lassen. Dabei regelmäßig wenden, damit sie nicht zu dunkel werden.

5 Die fertigen Bohnenbällchen aus der Pfanne nehmen und heiß servieren. Sie passen zu Salaten, Nudeln oder Reis.

TIPP Die Bohnenbällchen sind eine eiweißreiche Beilage. Sie schmecken auch kalt oder als Fingerfood.

COUSCOUS-SALAT

Salate aus Couscous, Hirse oder Nudeln sind nicht nur ein gesundes Mittagessen, sondern auch am Vorabend schnell zubereitet. Sie sind perfekt zum Mitnehmen, schmecken lecker und sättigen gut. Und auch im Homeoffice lässt sich der Salat in der Mittagspause in 15 Minuten zubereiten.

FÜR 2 PERSONEN

- 200 g Couscous
- 1 TL Gemüsebrühe (Instant)
- 1 Paprika
- ½ Salatgurke
- 2 Möhren
- 2 Handvoll Rucola
- 4 EL Aceto balsamico bianco
- 2 EL Öl
- Salz, Pfeffer

1 Couscous und Gemüsebrühe in eine Schüssel geben und mit 200 ml kochendem Wasser übergießen. Mit einem Löffel verrühren, die Schüssel mit einem Teller abdecken und den Couscous ca. 10 Min. quellen lassen.

2 In der Zwischenzeit die Paprika waschen, halbieren und entkernen. Die Gurke waschen, die Möhren schälen. Paprika, Gurke und Möhren in kleine Stücke schneiden. Rucola waschen und trocken schütteln oder gut abtropfen lassen.

3 Das geschnittene Gemüse zum gegarten Couscous geben und unterheben. Essig, Öl, Salz und Pfeffer zufügen und alles gut vermischen. Den Salat mit Salz und Pfeffer abschmecken und den Rucola unterheben.

4 Den Couscous-Salat lauwarm servieren. Zum Mitnehmen den Salat ganz auskühlen lassen, dann in Dosen füllen und im Kühlschrank lagern.

TIPP Der Couscous-Salat bleibt länger frisch, wenn du das Öl zunächst weglässt. Fülle dir etwas Öl in ein kleines Glas und mische es erst kurz vor dem Essen in deine Salatportion.

ENERGIEBÄLLCHEN

Die kleinen Kugeln sind meine liebste Kreation, um Trockenobst und Nüsse aufzubrauchen. Du kannst alle Arten von getrockneten Früchten und Nüssen dafür verwenden. Auch Fruchtpulver, Schokoladenstücke oder gemahlene Nüsse lassen sich prima integrieren.

FÜR CA. 15 STÜCK

- 50 g Haselnusskerne
- 100 g getrocknete Mango
- 100 g Rosinen
- Salz
- Sesam zum Wälzen

1 Die Haselnüsse in einen Standmixer geben und fein zerkleinern. Die Mango in kleine Stücke schneiden. (Das klappt am besten mit einer Schere.) Mango, Rosinen und 1 Prise Salz zu den Nüssen in den Mixer geben. Alles pürieren, bis eine klebrige Masse entsteht.

2 Aus der Nuss-Frucht-Masse ca. 15 gleich große Bällchen formen. Eine Hälfte der Kugeln in Sesam wälzen. Die Bällchen zum Aufbewahren in eine Vorratsdose legen und im Kühlschrank lagern. So sind sie mindestens 2 Wochen haltbar.

TIPP Ersetze die Hälfte der Nüsse durch Haferflocken und forme die Bällchen etwas größer. Schon hast du ein gesundes Notfallfrühstück zum Mitnehmen im Kühlschrank parat liegen.

NUSSMUS

Ob als Aufstrich, Topping, Butterersatz, zum Kochen und Backen oder einfach pur – Nussmus ist in der pflanzlichen Küche ein wahrer Alleskönner. Wenn du einen leistungsfähigen Standmixer hast, probiere unbedingt mal aus, Nussmus selbst zu machen. Es ist nicht nur günstiger, sondern schmeckt auch viel besser als gekauftes.

FÜR 1 GLAS

- 250 g Nusskerne (z. B. von Cashewnüssen, Erdnüssen, Mandeln, Hasel- oder Walnüssen)
- Salz

1 Den Backofen auf 180 °C vorheizen. Die Nüsse auf einem Backblech ausbreiten und im Ofen (Mitte) ca. 15 Min. rösten. Danach aus dem Ofen nehmen und vollständig auskühlen lassen.

2 Die Nüsse dann mit 1 Prise Salz in einen Hochleistungsmixer geben und mixen, bis ein feines Mus entsteht. Dabei zwischendurch Pausen machen, damit der Motor nicht überhitzt.

3 Das Nussmus in ein Schraubglas füllen und gut verschließen. Innerhalb von 6 Monaten verbrauchen.

TAUSCH-TIPP Auch aus Kürbiskernen, Sonnenblumenkernen und Sesam lässt sich ein leckeres Mus herstellen.

KAISERSCHMARRN MIT AQUAFABA

Ob Hüttengaudi oder Kindheitsessen, dieser vegane Kaiserschmarrn wird jeder Erinnerung gerecht. Durch das Kichererbsenwasser (Aquafaba) ist er an Fluffigkeit nicht zu überbieten.

FÜR 2 PERSONEN

- 200 g Mehl
- 1 TL Backpulver
- 50 g weiche Margarine
- 50 g Zucker
- 1 Msp. gemahlene Vanille
- 250 ml Sojadrink
- 50 ml kohlensäurehaltiges Mineralwasser
- Salz
- 120 ml Aquafaba (Abtropfwasser von 1 Glas Kichererbsen)
- 1 TL Guarkernmehl

AUSSERDEM

- Margarine zum Backen
- Puderzucker zum Servieren

1 Mehl, Backpulver, Margarine, Zucker, Vanille, Sojadrink, Mineralwasser und 1 Prise Salz in eine Rührschüssel geben. Alles mit den Rührbesen des Handrührgeräts zu einem glatten Teig verrühren.

2 Aquafaba und Guarkernmehl in einer weiteren Schüssel in ca. 5 Min. mit den Rührbesen des Handrührgeräts zu steifem Schnee schlagen.

3 Den Kichererbsenschnee nach und nach mit einem Teigschaber unter den Teig heben.

4 Reichlich Margarine in einer großen Pfanne erhitzen. Die Hälfte des Teigs hineingeben und bei mittlerer Hitze backen, bis die Unterseite fest wird und an der Oberseite Bläschen entstehen. Dabei die Pfanne am besten abdecken.

5 Den Pfannkuchen wenden und die andere Seite ebenfalls ca. 5 Min. backen. Den Pfannkuchen dann mit einem Pfannenwender in kleine Stücke teilen. Die Stücke weiterbraten, bis sie durchgebacken sind. Aus der Pfanne nehmen und mit dem restlichen Teig wiederholen.

6 Den Kaiserschmarrn etwas abkühlen lassen. Mit Puderzucker bestäuben und mit Apfelmus oder Kompott (Seite 75) servieren.

VARIANTE Wenn du magst, mische noch 50 g Rosinen mit in den Teig.

MOUSSE AU CHOCOLAT

Hier kommt die ultimative Versuchung für Süßmäulchen und Schokoschnuten. Als mich einmal eine Kundin im Bioladen fragte, wie man vegane Mousse au Chocolat zubereitet, empfahl ich ihr, dafür Kichererbsenwasser aufzuschlagen. Einige Tage später bedankte sich strahlend für diesen Tipp. Er hatte perfekt funktioniert!

FÜR 3 GLÄSER

- 200 g Zartbitterschokolade
- 250 ml Aquafaba (Abtropfwasser von 2 Gläsern Kichererbsen)
- 2 EL Puderzucker
- 1 TL Guarkernmehl

AUSSERDEM

- Joghurt zum Servieren (nach Belieben)
- Schokoraspel zum Servieren (nach Belieben)

1 Die Schokolade grob zerbrechen. In einer Metallschüssel über einem heißen Wasserbad oder in der Mikrowelle schmelzen. Kurz abkühlen lassen.

2 Das Aquafaba in einen hohen Rührbecher gießen und mit den Rührbesen den Handrührgeräts schaumig schlagen. Nach und nach Puderzucker und Guarkernmehl zugeben und alles in ca. 5 Min. zu steifem Schnee schlagen.

3 Die geschmolzene Schokolade durchrühren, dann vorsichtig mit einem Teigschaber unter den Kichererbsenschnee heben. Es ist ganz normal, wenn die Masse dabei zusammenfällt.

4 Die Masse in drei Gläser füllen und mindestens 2 Std. (am besten über Nacht) kühlen. Die Mousse nach Belieben mit einem Klecks Joghurt und Schokoraspeln dekorieren und servieren.

TAUSCH-TIPP Statt Guarkernmehl kannst du den Kichererbsenschnee auch mit 1 EL Johannisbrotkernmehl oder Speisestärke binden.

TIRAMISU MIT KEKSEN

Übrige Kekse schreien doch förmlich noch einem Tiramisu! Meine Variante kommt sogar ganz ohne Mascarpone und Ei aus und kann nach Belieben auch rein vegan zubereitet werden. Eine fantastische Restekreation, die auch bei Gästen super ankommt!

FÜR 6 PERSONEN

- 200 g Kekse
- 100 ml Espresso oder Kaffee
- 400 g Joghurt oder pflanzlicher Joghurt
- 400 g Quark oder pflanzlicher Quark
- 1 TL gemahlene Vanille
- 100 g Zucker
- Salz

AUSSERDEM

- Auflaufform (25 × 17 cm)
- Kakaopulver zum Bestäuben

1 Die Kekse in einen Gefrierbeutel geben, verschließen und mit einem Stössel oder Nudelholz grob zerbröseln. Die Keksbrösel dann mit dem Espresso in einer Schüssel vermischen.

2 In einer weiteren Schüssel Joghurt, Quark, Vanille, Zucker und 1 Prise Salz mit dem Schneebesen oder den Rührbesen des Handrührgeräts zu einer glatten Creme verrühren.

3 Die Hälfte der getränkten Keksbrösel in der Auflaufform verteilen. Die Hälfte der Creme daraufstreichen. Dann die restlichen Keksbrösel daraufgeben.

4 Zuletzt die restliche Creme gleichmäßig auf den Keksen verteilen, sodass sie ganz bedeckt sind.

5 Das Tiramisu mindestens 4 Std. (am besten über Nacht) im Kühlschrank fest werden lassen. Danach mit Kakaopulver bestäuben und servieren. Reste innerhalb von 3 Tagen aufbrauchen.

TAUSCH-TIPP Anstelle der Kekse kannst du auch Zwiebackreste, trockenes Gebäck oder Kuchen im Tiramisu verwerten. Frische Beeren oder Kompott geben dem Tiramisu eine fruchtige Note.

ESSENSRESTE FAIRWERTEN

Neben Zutaten bleibt oft auch Gekochtes übrig. Lästig oder praktisch? Das ist die Frage. Meiner Meinung nach praktisch. Aber falls du Reste lästig findest, zeige ich dir, wie du sie vermeiden kannst!

Gekochte Kartoffeln vom Vortag werden als superknusprige Ofen-Wedges garantiert zum Hingucker beim Abendessen. Als Dip dazu passt Ketchup oder Kräuterquark.

Reste sind für mich ein zusätzliches schnelles Essen oder auch Zutaten für neue Gerichte. Nicht mehr und nicht weniger. Außerdem liebe ich es, Essen zu teilen! Clever mit Resten umzugehen, ist gar nicht schwer.

FÜR RESTE NUR DAS BESTE

Um eins klarzustellen: Dass Essen übrigbleibt, ist völlig normal und grundsätzlich nichts Schlechtes. Reste können manchmal echt die Rettung sein, wenn man beispielsweise abends völlig ausgehungert nach Hause kommt und noch ein Stück Lasagne im Kühlschrank findet. Schlecht ist es nur, wenn Reste vergessen werden oder einfach im Übermaß anfallen wie zum Beispiel nach Weihnachten oder Geburtstagsfeiern. Etwas unglücklich ist es auch, wenn kurz vor dem Start in den zweiwöchigen Urlaub noch der ganze Kühlschrank voll ist.

Je mehr Personen mitessen, desto schwieriger ist es zu kalkulieren, wie viel gegessen wird. Mal hat man mehr Hunger, mal weniger. Und es ist so wichtig, auf den Hunger zu hören und nicht über das Sättigungsgefühl hinaus zu essen, nur damit der Teller leer ist. Dann bleibt lieber etwas übrig – egal ob das fertig gekochte Gerichte wie Lasagne, Eintöpfe, Suppen und Nudelgerichte sind oder Beilagen wie Nudeln, Kartoffeln, Reis, Gemüse, Spätzle oder Knödel.

DECKEL DRAUF!

Grundsätzlich sollten gekochte Reste immer über Nacht im Kühlschrank gelagert werden – entweder direkt im Kochtopf mit aufgelegtem Deckel oder in einer geeigneten Box und gut verschlossen. Wenn du jetzt schon weißt, dass du die Reste nicht innerhalb der nächsten 3–4 Tage aufbrauchen wirst, friere sie lieber gleich ein!

RESTE ALS BASICS FÜR NEUE GERICHTE

Vom nervigen Überbleibsel zur nützlichen Grundlage für neue Mahlzeiten: Reste haben auch Vorteile! Ich zeige dir, wie du am besten mit ihnen umgehst und sie clever für neue Gerichte nutzt. Inklusive Restevermeidungstipps für alle, die wenig Zeit haben.

Ein Döner macht Reste schöner! Hole all deine Gemüsereste raus und schneide sie klein. Zusammen mit Feta, Tofu oder Fleisch und Sauce in ein großes Brötchen füllen.

Beim Aufwärmen kannst du deine Reste für mehr Abwechslung ganz einfach aufpeppen: Serviere einen kleinen frischen Beilagensalat oder einen Dip dazu. Oder streue Toppings wie geröstete Kerne oder Croûtons darauf. Mein Tipp: Kombiniere etwas Übriges mit etwas Frischem. So fühlt es sich gleich nach einem ganz neuen Gericht an. Manchmal macht das erneute Erwärmen Gerichte sogar noch aromatischer. Eintöpfe oder Suppen schmecken gut durchgezogen nicht selten besser als frisch gekocht.

Noch flexibler mit dem Fairwerten bist du, wenn du pure Beilagen übrig hast. Dann werden aus gekochten Kartoffeln Bratkartoffeln, Quetschkartoffeln, ein Kartoffelsalat (Seite 149) oder Kartoffelauflauf. Übrige Pfannkuchen schmecken auch als Suppe (Seite 169) oder herzhaft gefüllt als Wrap. Nudeln vom Vortag eignen sich prima für einen Auflauf, eine Nudelpfanne oder für Muffins (Seite 150). Und wenn du dein Müsli am Morgen nicht ganz schaffst, ist das nicht schlimm. Daraus kannst du leckere Müslikekse (Seite 152) backen. Alles in allem sind deine Reste also eine tolle Basis, um neue, leckere Gerichte zu kreieren.

Wenn du tatsächlich mal so viele Reste hast, dass du sie selbst nicht aufessen und fairwerten kannst, dann gib doch einfach etwas davon ab! Verteile Kuchen in deiner Nachbarschaft – das mache ich regelmäßig – oder bringe etwas zur Arbeit mit. Dort freut man sich bestimmt über die unverhofften Köstlichkeiten aus deiner Küche.

So bleibt weniger übrig

Allerdings nimmt das Fairwerten auch einiges an Zeit in Anspruch, die man nicht immer erübrigen kann. Deshalb habe ich nachfolgend noch ein paar weitere Tipps, wie du gängige Essensreste vermeiden kannst:

Aus Nudelresten, leicht labberigen Karotten und nicht mehr ganz so frischen Champignons wird mit einem frischen Dressing ratzfatz ein leckerer Nudelsalat to go!

ESSENSRESTE VERMEIDEN

- Es darf ruhig mal etwas ausgehen: Wir haben alle ein bisschen »lieber zu viel als zu wenig« in uns. Bei Feiern soll ja nichts ausgehen, denn sonst steht man ja blöd vor seinen Gästen da. Bei mir ist Schluss mit dieser Denkweise! Ist doch schön, wenn etwas ausgeht – das zeigt, dass es geschmeckt hat. Und mal ehrlich, verhungern wird sicher niemand.
- Halbiere das Kuchenrezept: Wohnst du alleine, wirst du wahrscheinlich eher selten einen großen Kuchen backen. Deshalb besitze ich kleinere Backformen und backe dann einfach die Hälfte des Rezepts.
- Unbekannte Rezepte in Maßen testen: Auch bei neuen Rezepten lohnt es sich, erst einmal kleinere Portionen zu kochen. So hast du nicht zu große Reste, falls es nicht schmeckt.
- Erfahrungen notieren: Beim letzten Weihnachtsfest blieb ganz schön viel vom Festmenü übrig? Dann notiere dir die Mengen und wie viele Personen mitgegessen haben. So weißt du im nächsten Jahr, wie du die Mengen entsprechend reduzieren kannst.
- Lieber nachnehmen: Bevor du dir aus Gewohnheit morgens deine Müslischüssel randvoll machst oder vier Scheiben Brot bestreichst, gehe einen Moment in dich. Hast du überhaupt so viel Hunger? Vielleicht erstmal zwei Brotscheiben streichen und aufessen. Wenn du danach noch hungrig bist, kannst du ja noch eine weitere Scheibe abschneiden.
- Absprechen und auf Wünsche eingehen: »Gegessen wird, was auf den Tisch kommt!« lautet eine andere antiquierte Tischregel. Auch davon halte ich nicht viel. Natürlich ist es bei mehreren Personen immer schwierig, auf alle Wünsche einzugehen. Vielleicht findet man aber Gerichte, bei denen jeder zumindest eine Komponente gerne isst.
- Vor dem Urlaub den Kühlschrank leeren: Wenn du länger verreist, solltest du schon 1–2 Wochen davor beginnen, nicht mehr so viel einzukaufen und vor allem alle frischen Lebensmittel aufzubrauchen. Die allerletzten Reste kannst du dann als Proviant für die Anreise einpacken.

BROTCHIPS

Altbackenes, zäh gewordenes Brot lässt sich nicht nur als Croûtons verwerten. Du kannst daraus auch krosse Chips backen. Die sind nicht nur eine super Zero-Waste-Kreation, sondern auch die gesündere Alternative zur Chipstüte. Serviere die Brotchips als kleine Vorspeise mit einem Dip oder Aufstrich.

FÜR 2 PERSONEN

- ¼ Laib Brot
- 5 EL Öl
- 2 TL getrocknete Kräuter (oder Gewürzmischung)
- Salz

1 Den Backofen auf 180 °C vorheizen, ein Backblech mit Backpapier belegen. Das Brot in dünne Scheiben schneiden und auf dem Blech verteilen.

2 Öl und Kräuter in einer Schüssel verrühren. Die Brotscheiben von beiden Seiten mit dem Würzöl bestreichen und leicht salzen.

3 Die Brotscheiben im Ofen (Mitte) in ca. 10 Min. goldbraun backen. Die Brotchips herausnehmen und ganz auskühlen lassen. Dann sofort genießen oder in luftdichte Dosen schichten. Innerhalb von 2 Wochen aufbrauchen.

TIPP Die Brotchips gelingen auch mit Baguette oder Brötchen. Da sie weniger Feuchtigkeit enthalten, beträgt die Backzeit hier nur 5–8 Minuten.

REISAUFLAUF

Nach diesem Auflauf wirst du dich in Zukunft freuen, wenn mal wieder Reis übrig bleibt. Dich erinnert das Rezept an den früheren TikTok-Trend? Jap, ich habe mir die Idee zunutze gemacht und aus nervigen Resten ein pfiffiges Gericht gezaubert.

FÜR 2 PERSONEN

- 200 g Feta oder pflanzlicher Feta
- 200 g gekochter Reis
- 200 g Kirschtomaten
- 2 EL getrocknete italienische Kräuter
- Pfeffer
- Salz (nach Belieben)

AUSSERDEM

- Auflaufform
- Öl für die Form

1 Den Backofen auf 200 °C vorheizen, eine passende Auflaufform mit Öl einfetten. Den Feta in die Mitte der Form legen und den Reis rundum verteilen. Die Tomaten waschen, halbieren und auf dem Reis verteilen. Kräuter und 1 Prise Pfeffer über Feta, Reis und Tomaten streuen.

2 Den Auflauf im Ofen (Mitte) ca. 30 Min. backen. Je länger er im Ofen bleibt, desto flüssiger wird der Feta. Herausnehmen und kurz abkühlen lassen. Danach Feta, Reis und Tomaten vermischen. Den Auflauf mit Pfeffer und nach Belieben mit wenig Salz abschmecken. (Der Feta ist bereits sehr salzig.)

VARIANTE Für eine leckere **Feta-Sauce** zu Nudeln, Kartoffeln & Co. bäckst du nur den Feta mit den Tomaten und 1 gepressten Knoblauchzehe wie beschrieben. Aus dem Ofen nehmen, alles vermischen und servieren.

ANTIPASTI-SANDWICH

Pimp your Käsebrot! Wer nachhaltig essen und Geld sparen möchte, versorgt sich in der Mittagspause oft selbst. Langweilig? Jetzt nicht mehr: Diese superaromatischen Antipasti-Sandwiches lassen sich ganz easy mitnehmen oder schnell am Arbeitsplatz zubereiten.

FÜR 2 PERSONEN

- 150–200 g Antipasti (nach Wahl)
- 2 große Brötchen
- 4 Salatblätter

1 Die Antipasti in einem Sieb abtropfen lassen, dabei das Öl auffangen. Die Brötchen waagerecht aufschneiden und jeweils 1 TL abgetropftes Öl auf den Schnittflächen verteilen.

2 Die Salatblätter waschen und trocken tupfen. Die Antipasti auf den Böden der Brötchen verteilen und jeweils 2 Salatblätter auf die Deckel legen. Die Sandwiches zusammenklappen und sofort servieren oder zum Mitnehmen in einer Dose im Kühlschrank lagern.

TIPP Du hast noch Aufstrichreste im Kühlschrank? Auch Hummus, Kräuterfrischkäse oder Joghurtdip kannst du auf den Sandwiches verteilen.

OMAS KARTOFFELSALAT

Eigentlich muss man ja zu Gerichten von Omas nicht viel sagen. Deshalb lasse ich lieber das Rezept für sich sprechen. Hier kommt ein richtig leckerer Kartoffelsalat ohne Schnickschnack, aber mit viel Liebe zum Erdapfel.

FÜR 2 PERSONEN

- 500 g Kartoffeln
- 1 TL Gemüsebrühe (Instant)
- 1 kleine Zwiebel
- 1 EL Essig
- Salz, Pfeffer
- 1 EL Rapsöl

1 Die Kartoffeln in wenig Wasser garen. Danach abgießen und ausdampfen lassen. Die Kartoffeln pellen, in Scheiben schneiden und in eine große Schüssel geben. 100 ml Wasser erwärmen, die Gemüsebrühe einrühren und über die Kartoffeln gießen. Alles vermischen.

2 Die Zwiebel schälen und fein würfeln. Mit Essig, 1 TL Salz und 1 Prise Pfeffer zu den Kartoffeln geben. Alles gut vermischen und ca. 30 Min. ziehen lassen.

3 Zuletzt das Öl über die Kartoffeln träufeln. Den Salat nochmals durchmischen und mit Salz und Pfeffer abschmecken. Der Kartoffelsalat schmeckt pur oder als Beilage, z. B. zum Sellerieschnitzel (Seite 111).

TIPP Den Salat kannst du auch mit übrigen Pellkartoffeln vom Vortag zubereiten. Damit die Kartoffeln die Flüssigkeit besser aufnehmen, erwärmst du sie am besten wieder kurz in der Mikrowelle.

SPAGHETTI-MUFFINS

*Es sind noch Spaghetti übrig, aber keine Sauce mehr?
Dann schichte die Nudeln doch einfach in Muffinförmchen und backe sie!
So werden daraus herzhafte Muffins zum Mitnehmen oder Snacken.*

FÜR 12 STÜCK

- 100 g Champignons
- 100 g Kirschtomaten
- 1 Zwiebel
- 2 Knoblauchzehen
- Öl zum Braten
- 2 EL Sojasauce
- 2 EL Tomatenmark
- 250 g Sojacreme (z. B. Soja Cuisine)
- 400 g gekochte Spaghetti
- 2 EL Speisestärke
- 2 EL gehacktes Basilikum (frisch oder getrocknet)
- Salz, Pfeffer

AUSSERDEM

- 12er-Muffinform
- Öl für die Form

1 Die Champignons putzen und bei Bedarf mit einem Tuch abreiben. Die Tomaten waschen. Dann Pilze und Tomaten in möglichst kleine Stücke schneiden. Zwiebel und Knoblauch schälen und fein würfeln.

2 Etwas Öl in einer Pfanne erhitzen, Zwiebel und Knoblauch darin glasig andünsten. Champignons und Tomaten zugeben, die Hitze reduzieren und alles gut durchrühren. Mit Sojasauce ablöschen.

3 Tomatenmark und 100 g Sojacreme einrühren und alles bei kleiner Hitze einige Minuten köcheln lassen. Zuletzt die Spaghetti untermischen.

4 Den Backofen auf 180 °C vorheizen, die Muffinform mit Öl einfetten. Die Nudelmasse gleichmäßig auf die Mulden verteilen.

5 Die Pfanne zurück auf den Herd stellen und die restliche Sojacreme (150 g) darin erhitzen. Die Speisestärke einrühren und die Sauce gleichmäßig über die 12 Spaghetti-Nester gießen.

6 Die Muffins im Ofen (Mitte) 20–25 Min. backen. Sobald die Nudeln hart werden, die Muffins aus dem Ofen nehmen und ganz auskühlen lassen. Die Spaghetti-Muffins danach aus der Form lösen, mit Basilikum, Salz und Pfeffer bestreuen. Mit einem frischen Salat servieren.

TIPP Die Muffins kannst du in der Mittagspause auch rasch in der Mikrowelle wieder erwärmen. Die heißen Muffins dann am besten mit Besteck essen, damit du dir nicht die Finger verbrennst.

MÜSLIKEKSE

Diese Rezeptidee ist entstanden, als mein Freund morgens sein Müsli nicht mehr ganz schaffte. Ich riet ihm, die Reste einfach mal in den Kühlschrank zu stellen, bis ich eine Idee zum Verwerten habe. Tada, die Müslikekse waren geboren!

FÜR CA. 10 STÜCK

- 160 g zubereitetes Müsli (mit Milch oder Joghurt)
- 6 EL zarte Haferflocken
- 1 EL Honig oder Sirup
- 20 g Rosinen
- 1 TL Backpulver
- Salz
- Schokoraspel zum Bestreuen

1 Den Backofen auf 200 °C vorheizen, ein Backblech mit Backpapier belegen. Das Müsli in einen Standmixer geben und pürieren. Haferflocken, Honig, Rosinen, Backpulver und 1 Prise Salz untermixen.

2 Aus der Müslimasse 10 Kekse formen und auf dem Backblech verteilen. Die Kekse mit Schokoraspeln bestreuen und im Ofen (Mitte) ca. 20 Min. backen.

3 Die Kekse aus dem Ofen nehmen und ganz auskühlen lassen. In einer Vorratsdose im Kühlschrank lagern und innerhalb von 1 Woche aufbrauchen.

TIPP Die Konsistenz der Müslimasse hängt davon ab, welche Zutaten in deinem Müsli sind. Ist die Masse zu flüssig zum Formen, mixe noch mehr Haferflocken unter. Ist sie zu trocken, gib 1 Schuss Wasser, Milch oder Pflanzendrink dazu.

WENN MAL WAS DANEBENGEHT

Angebrannt, überwürzt oder viel zu wässrig. Dass beim Kochen nicht alles perfekt gelingt, ist ganz normal. Aber nicht verzagen! Mit ein paar Tricks kannst du misslungene Gerichte noch retten.

Es ist noch kein Meister vom Himmel gefallen. Und selbst versierten Profis am Herd gelingt beim Kochen mal was nicht oder geht schlicht daneben. Mit den folgenden Tricks rettest du das Gericht.

ZU GROSSE MENGE SALZ AUF EINMAL

Ich kann mich noch gut daran erinnern, wie meine Mama früher hin und wieder aus Versehen die falsche Seite des Gewürzstreuers öffnete: Statt einer Prise Salz kippte sie gleich einen ganzen Esslöffel ins Essen. »Hoppla«, hieß es dann und schnell versuchte meine Mama den Salzberg mit einem Teelöffel aus dem Topf zu fischen. So konnte das Gericht fast immer gerettet werden. Das funktioniert natürlich auch, wenn andere Gewürze »auskommen« und im Übermaß in einem Gericht landen.

VERSALZEN ODER ÜBERWÜRZT

Schwieriger wird es, wenn das komplette Gericht zu stark gesalzen wurde. Bei Suppen, Eintöpfen und Saucen kann es helfen, klein gewürfelte Kartoffeln oder Möhren etwa 15 Minuten im Gericht mitzukochen. Sie saugen das Salz wie ein Schwamm auf. Die Gemüsewürfel kannst du dann entweder im Gericht lassen oder wieder abschöpfen. Wenn das nicht reicht, kannst du das Gericht mit etwas Butter, Sahne, Milch oder Wasser strecken. Da muss ich gerade an den Kartoffelbrei meiner Oma denken – der war oft ganz schön salzig. Da hätte ein Stück Butter oder etwas Sahne nicht geschadet. Ist eine Sauce auf Tomatenbasis zu würzig geraten, rühre ich gerne einfach noch mehr passierte Tomaten hinein, bis der Geschmack passt. Falls dann zu viel Sauce da ist, wird der Rest am nächsten Tag gegessen oder tiefgekühlt.

RICHTIG WÜRZEN

Würze immer nach und nach! Auch zwischendurch zu probieren ist Teil des Kochens – egal ob man nach Rezept kocht oder nicht. Ich versuche, mich mit dem Salz immer zurückzuhalten. Lieber wird dann am Tisch nochmal etwas nachgesalzen.

Probieren geht über Studieren – Je öfter du kochst und ausprobierst, desto besser werden die Ergebnisse!

ES SCHMECKT NACH »NICHTS«

Manchmal will einfach kein so richtig runder Geschmack entstehen. Das kenne ich nur zu gut! Über die Jahre habe ich meine Erfahrungen damit gemacht. Hier meine »Geheimzutaten« für mehr Pepp.

- Salz und Pfeffer
  Etwas Salz kann vieles vollständig verändern – egal, ob ganze Gerichte oder nur dein Käsebrot. Dasselbe gilt für etwas Schärfe durch Pfeffer.
- Säure
  Auch eine saure Komponente trägt zu einem ausgeglichenen Geschmack bei. Gib je nach Gericht einen Schuss Zitronensaft, Apfelessig oder Aceto balsamico dazu.
- Süße
  Wie eine Prise Salz im Kuchen den Geschmack unterstreicht, tut das auch Zucker bei herzhaften Gerichten. So rundet zum Beispiel ein Teelöffel Zucker eine Tomatensuppe fein ab.
- Umami
  Diese Geschmacksrichtung beschreibt eine herzhafte, besonders wohlschmeckende, vollmundige Note. Wir kennen umami von Fleisch oder Käse,

aber auch mit pflanzlichen Lebensmitteln lässt sich diese herzhafte Geschmacksnote in Gerichte zaubern. Zur Wahl stehen hier Sojasauce, Misopaste, geräuchertes Paprikapulver, Rauchsalz, getrocknete Pilze und Hefeflocken.

- Kräuter und Gewürze
  Würzen statt noch mehr salzen! Für eine milde Würze sorgen Paprikapulver, Currypulver und gemahlener Kreuzkümmel. Mein Geheimtipp: getrockneter Liebstöckel - auch »Maggikraut« genannt. Das heimische Kraut macht Speisen auf milde Art aromatisch. Natürlich sind auch frische Kräuter wie Basilikum, Schnittlauch, Thymian oder Minze immer eine gute Wahl.
- Bitter
  Etwas Bitteres soll ein Gericht besser machen? Das scheint im ersten Moment nicht logisch. Doch eine herbe Zutat kann Pepp in ein Gericht bringen, zum Beispiel etwas frischer Rucola in ein Pastagericht oder Chicorée und Radicchio in einen Salat. Das gilt auch für Walnüsse oder Leinöl.

Auch bei mir gelingt nicht jede Kreation auf Anhieb. Ich lerne daraus und schaue, was ich noch retten kann.

ANGEBRANNT

Oberflächliche schwarze Krusten kannst du mit einem Messer abschaben oder abschneiden. Das klappt zum Beispiel problemlos bei Toast, Backwaren, (Veggie-) Schnitzeln, Bratlingen, Kuchen oder gebratenen Eiern.
Wenn jedoch ein Gericht im Topf anbrennt, kommt es auf den Geschmack an. Fülle den nicht angebrannten Rest in einen frischen Topf und probiere ihn. Ist der Geschmack in Ordnung, verwende das Gericht wie gewohnt. Wenn jedoch alles verbrannt schmeckt, entsorge das Gericht lieber.

ZU DÜNNFLÜSSIG

Wenn mein geliebter Hummus mal zu flüssig ist, gebe ich einfach mehr Kichererbsen oder Tahin dazu. Das heißt auch für alle anderen Aufstriche und Dips: mehr von den festen Grundzutaten.
Bei cremigen Saucen können Hefeflocken oder (pflanzlicher) Frischkäse helfen. Meine Oma hat immer etwas Mehl mit Wasser verrührt und Saucen damit angedickt. Auch Speisestärke macht Saucen schön sämig.
Suppen und andere Saucen kannst du auch einfach auf dem Herd reduzieren lassen. Das heißt, ohne Deckel köcheln lassen, damit das enthaltene Wasser in Form von Wasserdampf entweichen kann. Wichtig: immer abschmecken und bei Bedarf nachwürzen.

ZU DICKFLÜSSIG

Geraten Suppen oder andere Gerichte zu dick, kannst du sie einfach mit Wasser, Brühe, Milch oder Pflanzendrink strecken. Die Regel dabei: immer mit der verwendeten Flüssigkeit verdünnen und schrittweise immer nur kleine Mengen Flüssigkeit zugeben, damit das Gericht am Ende nicht zu dünnflüssig wird. Das Abschmecken und Nachwürzen nicht vergessen!

KUCHEN GELINGT NICHT

Kurz bevor ich angefangen habe, dieses Buch zu schreiben, ist mir genau das passiert. Ich wollte einen Käsekuchen backen, aber irgendwie ging alles schief. Und dabei hatte ich dieses Rezept schon mehrmals gebacken. Das zeigt nur, dass auch Lebensmittel manchmal ihre Launen haben. Also habe ich kurzerhand den Rand gerettet und einen leckeren Crumble (Seite 158) daraus gemacht.

Trau dich, Rezepte abzuwandeln, wenn du mit der Konsistenz nicht zufrieden bist. Ist dir meine Mayo von Seite 126 zu dünnflüssig, gib mehr Cashewmus dazu. Ist sie dir zu dick, hilft mehr Gurkensud.

Bei Schnitzel, Puffern, Pfannkuchen & Co. passiert es recht schnell, dass Teile davon zu dunkel geraten. Versuche die Stellen vorsichtig mit einem Messer abzukratzen oder wegzuschneiden. Den Rest genießen.

ZERO-WASTE-TIPP

Das Kochwasser von Nudeln ist ein fantastischer Saucenbinder! Die enthaltene Stärke macht Saucen cremig und sämig. Einfach das Kochwasser auffangen und nach und nach in die Sauce rühren.

KUCHEN-RESCUE-CRUMBLE

Egal ob der Kuchen auseinanderfällt, nicht ganz durchgebacken ist oder nur ein Teil nicht schmeckt – vielleicht hilft dieser Crumble dir aus der Patsche. Ein Versuch ist es auf jeden Fall wert!

FÜR 2 PERSONEN

- 200 g gebackener Kuchenteig oder Kuchenrand
- 250 g Obst deiner Wahl (z. B. Apfel, Beeren, Birnen, Zwetschgen)
- 40 g Walnusskerne

AUSSERDEM:

- Auflaufform (35 × 22 cm)
- Öl für die Form
- Puderzucker zum Bestreuen (nach Belieben)

1 Den »verunglückten« Kuchen ganz auskühlen lassen.

2 Daraufhin den Kuchen in seine Einzelteile zerlegen (z. B. Teig, Früchte, Cremeschicht) und prüfen, welche Teile des Kuchens noch verwendet werden können.

3 Den Teil, der noch verwertet werden soll (gebackener Teig bzw. Rand) in kleine Stücke zerteilen.

4 Den Backofen auf 180 °C vorheizen. Das Obst waschen, putzen und in kleine Stücke schneiden. Die Walnüsse grob hacken.

5 Die Auflaufform mit Öl einfetten. Kuchenstücke, Obst und Nüsse in die Form geben und vermischen. Den Crumble im Ofen (Mitte) ca. 15 Min. backen. Sind die Kuchenstücke danach noch teigig, den Crumble noch etwas länger backen. Dabei alle 10 Min. mit einer Gabel prüfen, ob die Stücke durchgebacken sind.

6 Den Crumble aus dem Ofen nehmen und etwas abkühlen lassen. Nach Belieben mit Puderzucker bestreuen und servieren.

TIPP Nicht durchgebackene Kuchen schnell verwerten. Das gilt vor allem dann, wenn der Kuchen nach der originalen Zubereitung teigig geblieben ist.

GERICHTE AUS DEM VORRAT

Nichts zu essen daheim? Das bezweifle ich ja! In deinen Vorräten verstecken sich bestimmt so einige leckere Gerichte. Mit diesen Rezepten kannst du sie hervorlocken und genießen. Tschüss Lieferdienst, hallo Vorratskreation.

Motivation für mehr Gemüse gefällig? Dann bereite dir morgens direkt einen bunten Rohkostteller zu. So kannst du den Tag über immer wieder zugreifen.

Um ehrlich zu sein, tue ich mich immer etwas schwer damit, Rezepte grammgenau niederzuschreiben. Denn anstatt mich streng an Rezepte zu halten, koche ich lieber nach meinem Bauchgefühl. Ich weiß, das kann ich so leicht sagen, weil ich jahrelange Übung habe und es so von meiner Mama und Oma gelernt habe. Aber auch ich musste anfangen. Rezepte waren dabei schon immer mehr flexible Grundgerüste als strikte Anleitungen.

REZEPTE VARIIEREN

Diese Sichtweise empfehle ich auch dir. Und deshalb möchte ich dich dazu motivieren, einfach mal etwas anderes auszuprobieren, wenn du von einer Zutat zu wenig hast oder sie ganz fehlt. Ideen dafür gebe ich dir oft direkt in den Rezepten sowie in meiner großen Zutaten-Tauschbörse (Seite 182f). Manchmal gelingen Rezepte mehr, mal weniger. Das ist völlig okay. Wir sind alle keine Profis am Herd und müssen es auch nicht sein. Mein A und O beim Fairwerten: Spaß haben und genießen!

MOTIVATION ZUM KOCHEN

Sprechen wir nochmal kurz über Motivation. Auch wenn wir in den vorangegangenen Kapiteln viel über Lebensmittel gelernt haben, unsere Küche organisiert und Vorräte strukturiert haben, kocht es sich leider nicht von alleine. Und ob du es glaubst oder nicht, auch ich habe oft keine Lust, mich nach einem anstrengenden und stressigen Tag noch in die Küche zu stellen. Warum ich es trotzdem tue?
Erstens, weil ich es einfach gewohnt bin. Zweitens, weil ich weiß, dass mich eine warme Mahlzeit am Tag körperlich wie auch psychisch viel mehr befriedigt, als immer nur zwischendurch etwas Schnelles aus der Hand zu essen. Und drittens, weil mich das Schnippeln, Rühren, Mischen und Braten wahnsinnig entspannt. Probiere doch mal aus, beim Kochen Musik, einen Podcast oder ein Hörbuch zu hören. Das ist für mich die beste Art, um meinen Kopf frei zu bekommen. Viertens, selber kochen spart eine Menge Geld und das Essen kommt heiß auf den Tisch – anders als beim Lieferdienst. Lass dir das alles doch mal in Ruhe durch den Kopf gehen!

HIRSETALER

Bratling, Taler, Patty oder Pflanzerl - so vielfältig wie die Namen sind auch die Zubereitungsarten. Und egal ob Hirse, Couscous oder Bulgur - nimm einfach das, was gerade in deinem Vorratsschrank steht. Diese Taler sind echte Zero-Waste-Helden!

FÜR CA. 7 STÜCK

- 1 kleine Zwiebel
- 1 Knoblauchzehe
- 200 ml Gemüsebrühe
- 100 g Hirse
- 2 EL Tomatenmark
- 2 EL Speisestärke
- 2 EL getrocknete italienische Kräuter
- Salz, Pfeffer
- Öl zum Braten

1 Zwiebel und Knoblauch schälen und sehr fein würfeln. Beides mit der Gemüsebrühe in einen Topf geben und aufkochen. Die Hirse zufügen, gut umrühren und bei schwacher Hitze ca. 10 Min. köcheln lassen.

2 Die Hirse dann vom Herd nehmen und zugedeckt noch ca. 10 Min. ausquellen lassen, bis die Brühe vollständig aufgesogen ist.

3 Tomatenmark, Speisestärke und Kräuter zur Hirse geben und alles vermischen. Die Masse mit Salz und Pfeffer würzen und weitere ca. 15 Min. ziehen lassen. Danach nochmals abschmecken und aus der Masse mit angefeuchteten Händen ca. 7 Taler formen. Falls die Masse zu klebrig zum Formen ist, noch etwas mehr Speisestärke untermischen.

4 Etwas Öl in einer Pfanne erhitzen und die Taler darin portionsweise von beiden Seiten knusprig braten. Fertige Taler aus der Pfanne nehmen und warm oder kalt servieren.

TIPP Zu den Hirsetalern passt der Joghurtdip von Seite 116. Die Taler sind auch ein feines Fingerfood für ein Partybüfett.

TOMATENSAUCE NEU GEWÜRZT

Eine gute Tomatensauce ist immer ein Ass im Ärmel, wenn du in Sachen Essen mal wieder planlos bist. Sie passt einfach zu allem – von Nudeln über Kartoffeln bis hin zu Bohnen. Mit etwas Zimt und Zucker gewürzt schmeckt deine Tomatensauce noch besser!

FÜR 2 PERSONEN

- 1 Zwiebel
- 2 Knoblauchzehen
- 800 g Tomaten (frisch oder aus der Dose)
- Öl zum Braten
- 1 EL gehacktes Basilikum (oder 1 TL getrocknetes)
- 1 EL gehackter Oregano (oder 1 TL getrockneter)
- 1 EL gehackter Thymian (oder 1 TL getrockneter)
- Salz, Pfeffer
- 2 EL Tomatenmark
- 1 TL Gemüsebrühe (Instant)
- 1 TL Zimtpulver
- 1 TL Zucker

1 Zwiebel und Knoblauch schälen und in feine Würfel schneiden. Die Tomaten waschen und in kleine Stücke schneiden. Dabei die Stielansätze entfernen.

2 Etwas Öl in einem großen Topf erhitzen. Zwiebel und Knoblauch darin glasig andünsten. Die Tomaten einrühren und aufkochen. Basilikum, Oregano, Thymian, 1 TL Salz und Pfeffer zufügen und die Sauce ca. 10 Min. köcheln lassen.

3 Danach Tomatenmark, Gemüsebrühe, Zimt und Zucker zur Sauce geben. Nochmals gut durchrühren und ca. 10 Min. weiterköcheln lassen. Je länger die Sauce köchelt, desto aromatischer wird sie.

4 Die Tomatensauce zuletzt nochmals mit Salz und Pfeffer abschmecken und heiß zu Pasta servieren. Reste abkühlen lassen und für eine weitere Mahlzeit in den Kühlschrank stellen.

ZERO-WASTE-TIPP Du hast noch Tomaten, die wegmüssen? Schneide sie einfach in Stücke und verkoche sie zu dieser leckeren Sauce. Reste der Sauce lassen sich super tiefkühlen.

CHILI CON KARTOFFEL

Bei diesem Rezept hat mein Bauch ordentlich mitgemischt. Er durchkreuzte nämlich meinen ursprünglichen Plan, Hackfleisch durch Sojaschnetzel zu ersetzen. »Du hast noch so viele Kartoffeln und für die Schnetzel musst du extra einkaufen fahren.« Recht hatte er! Aber urteile selbst. Ich finde, es hat sich echt gelohnt, auf meinen Bauch zu hören.

FÜR 2 PERSONEN

- 300 g Kartoffeln (oder Pellkartoffeln vom Vortag)
- 1 Glas Kidneybohnen (200 g Abtropfgewicht)
- 1 Glas Mais (200 g Abtropfgewicht)
- 800 g Tomaten (frisch oder aus der Dose)
- 1 Zwiebel
- 2 Knoblauchzehen
- Öl zum Braten
- 1 TL Gemüsebrühe (Instant)
- 1 EL Paprikapulver
- 1 EL Currypulver
- 1 TL gemahlener Kreuzkümmel
- Salz, Pfeffer

AUSSERDEM

- 50 g Joghurt
- Sesam zum Bestreuen

1 Die Kartoffeln in wenig Wasser garen. Abgießen, ausdampfen und etwas abkühlen lassen. Die Kartoffeln pellen und in kleine Stücke schneiden. Kidneybohnen und Mais in ein Sieb abgießen, kalt abspülen und abtropfen lassen.

2 Die Tomaten waschen und in kleine Stücke schneiden. Dabei die Stielansätze entfernen. Zwiebel und Knoblauch schälen und fein würfeln.

3 Großzügig Öl in einem großen Topf erhitzen. Zwiebel und Knoblauch darin glasig andünsten. Die Tomaten einrühren und aufkochen. Gemüsebrühe, Paprika- und Currypulver, Kreuzkümmel, 1 TL Salz und 1 Prise Pfeffer zugeben. Durchrühren und die Sauce bei kleiner Hitze ca. 10 Min. köcheln lassen.

4 Danach Kartoffeln, Kidneybohnen und Mais zufügen. Das Chili gut durchrühren und bei kleiner Hitze weitere 5–10 Min. leicht köcheln lassen. Zuletzt mit Salz und Pfeffer abschmecken.

5 Das Chili in zwei Schalen anrichten. Jeweils einen Klecks Joghurt daraufsetzen, mit Sesam bestreuen und heiß servieren.

TIPP Für ein besonders kräftiges Aroma das fertig gekochte Chili über Nacht durchziehen lassen.

PFANNKUCHEN AUS ZWEI ZUTATEN

Warum kompliziert, wenn es auch einfach geht? Diese Frage habe ich mir bei meinen Pfannkuchen gestellt und einfach mal alles weggelassen, was nicht unbedingt notwendig ist. Tada, hier das köstliche Ergebnis.

FÜR 2 PERSONEN
- 150 g Mehl
- 300 ml Milch oder Pflanzendrink
- Margarine zum Backen

1 Mehl und Milch in einer großen Schüssel mit dem Schneebesen oder den Rührbesen des Handrührgeräts zu einem glatten Teig verrühren. Es sollen keine Klümpchen mehr sichtbar sein.

2 Etwas Margarine in einer großen Pfanne erhitzen. Die Temperatur etwas reduzieren und eine Schöpfkelle Teig in die Pfanne geben. Die Pfanne schwenken, sodass sich der Teig gleichmäßig darin verteilt. Den Pfannkuchen backen, bis sich die Ränder von der Pfanne abheben. Dann wenden und den Pfannkuchen von der anderen Seite backen. Den fertigen Pfannkuchen aus der Pfanne nehmen. Mit dem restlichen Teig wiederholen.

3 Die Pfannkuchen süß mit Apfelmus, Zimt und Zucker, Schokoaufstrich oder Joghurt oder herzhaft mit Tofu, Gemüse, Käse oder Hummus servieren.

VARIANTE Es sind Pfannkuchen übrig geblieben? Das ist die perfekte Gelegenheit für eine **Pfannkuchensuppe**. Für 2 Personen 4 Pfannkuchen in feine Streifen schneiden. 600 ml Gemüsebrühe aufkochen und über die Streifen gießen. Die Suppe mit Salz und Pfeffer abschmecken und mit Schnittlauchröllchen bestreuen. Sofort servieren, damit die Pfannkuchen nicht durchweichen.

BÄRLAUCHSCHNECKEN

Bärlauch ist für mich der Inbegriff von Frühling. Ob frisch gepflückt, gekauft oder getrocknet, Bärlauch ist ein wunderbares heimisches Wildkraut. Der Geschmack erinnert an Knoblauch und sollte zumindest im Frühling nicht in deiner Küche fehlen.

FÜR 10 STÜCK

FÜR DEN TEIG

- 180 ml lauwarme Milch oder Pflanzendrink
- 21 g frische Hefe (½ Würfel; oder 1 Tütchen Trockenhefe)
- 1 TL Zucker
- 300 g Mehl
- 80 g weiche Margarine
- Salz

FÜR DIE FÜLLUNG

- 1 Knoblauchzehe
- 50 g Bärlauch (oder 4 EL getrockneter)
- 200 g Frischkäse oder pflanzlicher Frischkäse
- Salz, Pfeffer

AUSSERDEM

- Auflaufform
- Öl für die Form
- Mehl zum Arbeiten

1 Für den Teig die Milch in eine große Schüssel geben und die Hefe hineinbröseln. Den Zucker zugeben und alles verrühren, bis sich die Hefe aufgelöst hat. Den Hefeansatz zugedeckt ca. 15 Min. ruhen lassen.

2 Mehl, Margarine und 1 TL Salz zum Hefeansatz geben und alles zu einem glatten Teig verkneten. Den Teig mit einem Geschirrtuch abdecken und an einem warmen Ort ca. 1 Std. gehen lassen, bis sich sein Volumen verdoppelt hat.

3 Für die Füllung den Knoblauch schälen und fein würfeln. Den Bärlauch waschen, putzen und fein schneiden. Knoblauch, Bärlauch und Frischkäse in einer Schale verrühren. Die Creme mit Salz und Pfeffer abschmecken.

4 Die Auflaufform mit Öl einfetten. Den Teig auf der bemehlten Arbeitsfläche zu einem Rechteck (ca. 60 × 30 cm) ausrollen. Die Bärlauchcreme gleichmäßig darauf verstreichen. Das Rechteck von der Längsseite her vorsichtig aufrollen und die Rolle in 6 cm breite Stücke schneiden. Die Schnecken in die Form legen, mit dem Geschirrtuch abdecken und nochmals ca. 30 Min. gehen lassen.

5 Inzwischen den Backofen auf 200 °C vorheizen. Die Schnecken im Ofen (unten) ca. 45 Min. backen. Herausnehmen, leicht abkühlen lassen und servieren.

TIPP Statt Bärlauch kannst du auch Basilikum oder Petersilie in die Creme rühren. Wenn du keine passende Auflaufform zur Hand hast, lege die Schnecken zum Backen einfach auf ein mit Backpapier belegtes Backblech.

KNUSPERMÜSLI

Seitdem ich dieses Müsli zum ersten Mal gemacht habe, isst mein Freund es jeden Morgen. Wenn das mal kein Qualitätsmerkmal ist! Das gebackene Müsli gelingt mit rein regionalen Zutaten und ist viel günstiger als gekauftes Knuspermüsli.

FÜR 1 GLAS

- 100 g kernige Haferflocken
- 50 g Haselnusskerne
- 50 g Kürbiskerne
- 50 g Sonnenblumenkerne
- Salz
- 2 EL Honig (oder Sirup)
- 1 EL Öl

1 Den Backofen auf 180 °C vorheizen, ein Backblech mit Backpapier belegen. Haferflocken, Nüsse, Kürbiskerne, Sonnenblumenkerne und 1 Prise Salz in einer Schüssel vermischen. Honig und Öl zugeben und gleichmäßig untermischen.

2 Die Flockenmasse in einer dünnen Schicht auf dem Backblech verteilen. Im Ofen (Mitte) ca. 10 Min. backen. Das Müsli aus dem Ofen nehmen und ganz auskühlen lassen. Danach in kleine Stücke zerbröseln und in einem Glas lagern.

TIPP Im Glas bleibt das Müsli 2–3 Wochen knusprig. Im Winter kannst du noch 1 TL Zimt oder Lebkuchengewürz mit in die Flockenmischung geben und sie so weihnachtlich aromatisieren.

BROT SO EINFACH WIE NOCH NIE

Brot selbst zu backen ist seit ein paar Jahren wieder en vogue. Das ist super, keine Frage! Allerdings musst du dafür nicht zwingend jeden Tag einen Sauerteig füttern oder imposante Muster auf dein Brot zeichnen. Ein Brot zu backen, geht wirklich ganz einfach!

FÜR 1 BROT
- 500 ml lauwarmes Wasser
- 42 g frische Hefe (1 Würfel)
- 1 kg Mehl
- Salz

AUSSERDEM
- Gärkörbchen
- Mehl zum Arbeiten

TIPP Verwende mal Vollkornmehl und gib noch 2 EL Brotgewürz dazu.

1 Das Wasser in eine große Schüssel gießen. Die Hefe hineinbröseln und unter Rühren vollständig darin auflösen. Mehl und 2 EL Salz zugeben und alles zu einem glatten Teig verkneten. Das Garkörbchen großzügig mit Mehl ausstäuben und den Teig hineinlegen. (Alternativ einen Laib formen und auf ein mit Backpapier belegtes Backblech setzen.) Den Teig mit einem Geschirrtuch abdecken und an einem warmen Ort ca. 1 Std. gehen lassen.

2 Den Backofen auch 200 °C vorheizen, ein Backblech mit Backpapier belegen. Den Teig aus dem Gärkörbchen auf das Blech stürzen und im Ofen (Mitte) ca. 1 Std. backen. Dabei eine ofenfeste Schale mit Wasser mit in den Ofen stellen, damit das Brot nicht austrocknet.

3 Das Brot aus dem Ofen nehmen und ganz auskühlen lassen. Erst danach in Scheiben schneiden. Das Brot hält sich bei richtiger Lagerung (Seite 38) ca. 3 Tage frisch. Reste am besten in Scheiben geschnitten tiefkühlen.

KÄSEKUCHEN OHNE BACKEN

Vielleicht gehe ich dir etwas auf den Keks, wenn ich jetzt wieder mit Keksen daherkommen. Aber ich möchte dir einfach verschiedene Möglichkeiten aufzeigen, um Vorräte bzw. Reste clever zu fairwerten.

FÜR 1 KUCHEN (12 STÜCKE)

- 200 g trockene Kekse
- 70 g weiche Margarine
- 1 Glas Sauerkirschen (350 g Abtropfgewicht)
- 400 g Quark oder pflanzlicher Quark
- 200 g Frischkäse oder pflanzlicher Frischkäse
- 100 g Zucker
- 2 EL Agar-Agar

AUSSERDEM

- Springform (24–26 cm Ø)

1 Die Kekse in einen Gefrierbeutel füllen, verschließen und mit einem Nudelholz fein zerbröseln. (Alternativ die Kekse in einem Standmixer fein zerkleinern.) Die Brösel in eine Schüssel geben. Die Margarine in Flocken zufügen und alles zu einem festen Teig verkneten.

2 Den Boden der Springform mit Backpapier belegen. Den Teig in die Form geben und gleichmäßig zu einem Boden und Rand festdrücken. Den Bröselboden bis zur Verwendung in den Kühlschrank stellen.

3 Die Sauerkirschen in ein Sieb abgießen, dabei den Saft auffangen. Kirschen, Quark, Frischkäse, Zucker und 1 EL Agar-Agar in einen Standmixer geben und zu einer homogenen Creme pürieren. Die Kirsch-Quark-Creme mit einem Teigspatel gleichmäßig auf dem Keksboden verstreichen.

4 Den Kirschsaft in einen kleinen Topf gießen und restliches Agar-Agar (1 EL) einrühren. Den Saft unter Rühren aufkochen und ca. 2 Min. köcheln lassen. Den Fruchtspiegel rasch auf dem Kuchen verteilen. Den Kuchen dann in den Kühlschrank stellen und über Nacht fest werden lassen.

5 Am nächsten Tag den Rand der Springform vorsichtig ablösen. Dafür mit einem spitzen Messer zwischen Kuchen und Form entlangfahren. Den Kuchen in Stücke schneiden und frisch aus dem Kühlschrank servieren. Reste innerhalb von 4 Tagen aufbrauchen.

TIPP Mit den drei Komponenten gelingt auch ein dekoratives Schichtdessert. Dafür statt der Springform 8 Gläser verwenden und Teig, Creme und Fruchtspiegel wie beschrieben hineinschichten.

AUSSERHALB DER EIGENEN KÜCHE

Wie du dich für Lebensmittelwertschätzung engagieren kannst.

AUSWÄRTS ESSEN

Was passiert eigentlich mit übrigem Essen in Restaurants? Wie kann ich mich nachhaltig ernähren, wenn ich unterwegs bin? Diese Fragen klären wir jetzt!

IM RESTAURANT

Wenn wir Essen gehen, wird uns die Entscheidung bei so vielen wunderbaren Gerichten auf der Speisekarte nicht gerade leicht gemacht. Am liebsten würden wir alle einmal kosten. Oft sind dann die Augen größer als der Hunger, und wir fühlen uns nach der Vorspeise eigentlich schon so gut wie satt. Vom Hauptgang schaffen wir dann nur drei Bissen, denn ein Dessert muss ja auf jeden Fall noch sein. Was wir nicht aufessen können, geht zurück in die Küche und wird ... genau: weggeworfen. Deshalb an dieser Stelle mein Rat: Überlege dir zuerst, wie viel Hunger du wirklich hast. Schaffe ich die bestellten drei Gänge? Schlage deiner Begleitung vor, Speisen zu teilen und lass dir deine Reste einpacken - sie schmecken am nächsten Tag mindestens genauso gut.
Besonders groß ist die Verschwendung bei All-you-can-eat-Angeboten oder Büfetts. Am besten meidest du diese wenn es geht ganz oder füllst dir deinen Teller mehrmals mit kleinen Portionen. So verhinderst du, dass Berge auf den Tellern bleiben und bist gleichzeitig auch ein Vorbild für die anderen Gäste.

Natürlich ist es am nachhaltigsten, möglichst pflanzlich basierte Gerichte zu wählen. Aber das ist oft viel leichter gesagt als getan. Die gute Nachricht: In den letzten Jahren hat sich wirklich einiges in der Gastronomie verändert. Selbst ländliche Gasthäuser bieten ihren Gästen immer mehr vegetarische und sogar vegane Gerichte auf der Speisekarte an. Was man früher nur in alternativen Cafés fand, rückt langsam in die Mitte unserer Gesellschaft. Vegane Bratwürstchen auf dem Weihnachtsmarkt, Grillkäse auf dem Dorffest und Haferdrink in so gut wie jedem Café. Ja, hier ist noch viel Luft nach oben, aber es sind viele kleine Schritte in die richtige Richtung.

Diese Cafés und Restaurants zeigen mit ihrem Zero-Waste-Konzept, dass Nachhaltigkeit auch in der Gastronomie gut funktioniert.

- ISLA COFFEE, Berlin (Neukölln und Mitte)
- HAPPA HAPPA, Berlin
- FREA, Berlin
- IN GUTER GESELLSCHAFT, Hamburg
- GRAMM.GENAU, Frankfurt
- CAFÉ ÜBRIG, Freising

Süße Teilchen zu holen, klappt auch mit der eigenen Dose. So lassen sich Einwegtüten vermeiden.

UNTERWEGS

Wenn ich auswärts Termine habe oder ein paar Tage unterwegs bin, mache ich mir schon im Vorfeld Gedanken darüber, wie meine Verpflegung aussehen wird. Am nachhaltigsten ist es, sich zu Hause einfach selbst etwas vorzubereiten und mitzunehmen. Belegte Brote, Obst, Riegel, Nüsse und Backwaren eignen sich dafür besonders gut. Auch komplette Gerichte lassen sich in auslaufsicheren Boxen problemlos transportieren. Ich mache es oft so, dass ich mir Obst, Gemüse und Aufstriche mitnehme und mir dann unterwegs noch etwas in einer Bäckerei kaufe. Gute Verpflegung findet man unterwegs auch in Bioläden. Dort gibt es meist richtig leckere Backwaren sowie vegane oder vegetarische Sandwiches - und mit etwas Glück sogar einen kleinen Mittagstisch. Was ich allerdings nie vergesse mitzunehmen, ist mein To-go-Becher. Damit lässt sich der unnötige Einwegbecher vermeiden.

(EHRENAMTLICH) ESSEN TEILEN

Übrige Lebensmittel an andere abzugeben, ist eigentlich simpel und logisch. Allerdings wird diese Möglichkeit in unserer (Essens-)Überflussgesellschaft noch immer viel zu selten gesehen.

Über Foodsharing rette ich regelmäßig Lebensmittel vor der Tonne. Was nicht sofort gegessen werden kann, verteile ich oder friere es ein.

FOODSHARING UND FOODSAVING

Die Initiative Foodsharing setzt sich international dafür ein, dass Lebensmittel auf dem Teller statt in der Tonne landen. Auf der Plattform www.foodsharing.de kann sich jeder kostenlos als Foodsharer anmelden und übrige Lebensmittel anbieten bzw. von anderen abholen. Ich bin seit 2015 bei Foodsharing angemeldet und aktiv. Darüber hinaus retten lokale Foodsharing-Gruppen ehrenamtlich übrige Lebensmittel von Supermärkten, Bäckereien, Restaurants, Tankstellen und Imbissen. Diese werden dann an gemeinnützige Einrichtungen und Privatpersonen verteilt. Ehrenamtlich aktiv werden können alle angemeldeten Personen ab 18 Jahren, die das Quiz über die Hygieneregeln erfolgreich bestanden haben. Ich habe als Foodsaverin bereits in München, Hamburg und Regensburg übrige Lebensmittel abgeholt und gerettet. In einigen Städten gibt es auch sogenannte Fair-Teiler. Das sind öffentlich zugängliche Schränke, in denen übrige Lebensmittel abgelegt und abgeholt werden können. Sie funktionieren ähnlich wie Büchertausch-Schränke. Alle können darin sowohl Essen ablegen, als auch entnehmen. Was in die Fair-Teiler darf und was nicht, ist streng geregelt. Wo sich Fair-Teiler befinden, erfährst du auf dem Foodsharing-Portal. Neben foodsharing e.V. gibt es deutschlandweit noch weitere Vereine, die sich lokal gegen Lebensmittelverschwendung einsetzen.

DIE TAFEL

Häufig wird gefragt, ob Foodsharing nicht eine Konkurrenz für die Tafel sei. Nein, ganz und gar nicht. Foodsharing und auch andere Vereine holen nur dort Essen ab, wo die Tafel keinen Bedarf mehr hat oder nicht abholen kann. Letzteres gilt vor allem für bereits zubereitete Speisen.

Die Tafel rettet deutschlandweit Lebensmittel, um sie an armutsbetroffene Menschen weiterzugeben. Dass wir in Deutschland solch eine Einrichtung benötigen, unterstreicht meine Ausführungen über unser fehlerhaftes System am Anfang des Buches. Falls du als Privatperson gerne Lebensmittel an die Tafeln spenden möchtest, wende dich am besten an die regionale Tafel bei dir vor Ort. Auch diese suchen häufig ehrenamtliche Unterstützung. Mehr Informationen findest du im Netz unter www.tafel.de.

TEILEN IM ALLTÄGLICHEN UMFELD

Teilen und weitergeben funktioniert natürlich auch im Kleinen. Sei es in der Familie, unter Freunden, im Wohnhaus oder am Arbeitsplatz. Ich verstehe total, dass es große Überwindung kosten kann, einfach mal bei den Nachbarn zu klingen. Vor allem, wenn man sich eigentlich gar nicht kennt. Aber vielleicht lernst du genau dadurch die Menschen, die nebenan wohnen, besser kennen. Ich kann dir aus Erfahrung sagen, dass es funktioniert!

Wie wäre es außerdem, wenn du in deinem Bekanntenkreis eine Chat-Gruppe einrichtest, in die jeder schreiben kann, wenn er Essen abzugeben hat? Das funktioniert natürlich am besten, wenn man in derselben Stadt wohnt.

MEHR ÜBER LEBENSMITTEL SPRECHEN

Ich kann mich noch sehr gut daran erinnern, als ich in einer lockeren WG-Runde das Gejammere über Regenwetter durchbrochen habe. Ich atmete tief durch und sagte in die Runde: »Aber es braucht doch Regen, damit die Pflanzen auf den Feldern wachsen können.« Was folgte, war Stille ..., immer noch Stille. »Ja, hm, ja das stimmt schon. So habe ich das noch gar nicht gesehen«, kam es dann zustimmend aus allen Ecken. Auch das ist für mich Teil der Wertschätzung. Kurz gesagt: Lebensmittel sollten zum Smalltalk-Thema werden. Nachfolgend ein paar Beispiel, wie sich das in der Praxis umsetzen lässt:

- Die Äpfel in diesem Kuchen sind aus dem Garten meiner Eltern. Die schmecken so unfassbar aromatisch. Ich habe noch viele Äpfel hier, magst du ein paar davon mitnehmen?
- Ihr habt doch einen Zwetschgenbaum im Garten. Sind die schon reif? Falls ihr nicht alles selber essen könnt, würde ich euch gerne welche abnehmen.

Meine Mama hat im Sommer oft so viel selbst angebautes Gemüse, dass sie mir gerne etwas abgibt.

- Kennst du schon die neue Bäckerei? Die backen vieles mit regionalem Urgetreide. Diese Backwaren musst du unbedingt mal kosten.
- Ich habe noch so viele Plätzchen von Weihnachten übrig. Habt ihr Lust auf einen Kaffee und ein paar Plätzchen vorbeizukommen?
- Es ist noch so viel Essen übrig und ich fahre nächste Woche in den Urlaub. Magst du was davon mitnehmen? Ich habe im Gefrierschrank leider nicht mehr für alles Platz.
- Kennst du jemanden, der Haselnüsse im Garten hat? Und vielleicht welche davon abgeben möchte?
- Das Gericht schmeckt aber köstlich. Magst du mir das Rezept geben?
- Ich habe einen tollen Bauernmarkt entdeckt. Da gibt es eine große Auswahl an saisonalem Gemüse. Magst du nächste Woche mitkommen?

Es soll natürlich nicht zwanghaft sein. Ich akzeptiere auch, wenn Mitmenschen kein Interesse daran haben, ihre Ernährung nachhaltiger zu gestalten. Das lässt mich aber nicht anders handeln. Meiner Erfahrung nach erreicht man am meisten, wenn man einfach vorlebt. Moralapostel und Fingerzeige mag niemand. Außerdem finde ich, dass jeder es verdient hat, Gewohnheiten in seinem eigenen Tempo zu ändern. Im Miteinander kommt man doch immer schneller ans Ziel als im Gegeneinander.

GROSSE ZUTATEN-TAUSCHBÖRSE

Erst aufbrauchen, dann neu kaufen - das wird mit dieser Liste noch leichter! Viele Lebensmittel lassen sich einfach austauschen. Das Ergebnis schmeckt genauso lecker, dein Vorratsschrank wird leerer und dein Geldbeutel bleibt voll.

KATEGORIE	ZUTATEN, DIE SICH GEGENSEITIG ERSETZEN KÖNNEN	ANMERKUNG
Obst	Apfel, Birnen, Nashi, Quitten	Quitten nicht roh verzehren
	Brombeeren, Erdbeeren, Heidelbeeren, Himbeeren, Johannisbeeren, Stachelbeeren	
	Aprikosen, Kirschen, Mirabellen, Nektarine, Pfirsiche, Pflaumen, Trauben, Zwetschgen	
	Blutorangen, Orangen, Mandarinen, Pomelos	
Trockenobst	Datteln, Feigen, Rosinen	
Nüsse	Cashewkerne, Erdnüsse, Haselnüsse, Macadamianüsse, Mandeln, Pekannüsse, Pistazien, Walnüsse	Cashews, Macadamias und Mandeln sind neutraler im Geschmack
Kerne & Saaten	Kürbiskerne, Pinienkerne, Sesam, Sonnenblumenkerne	Saaten können Nüsse ersetzen und andersherum
	Cashewmus, Erdnussmus, Haselnussmus, Mandelmus, Pistazienmus, Tahin	
	Chiasamen, Leinsamen	
Gemüse & Salat	Kartoffeln, Kürbis, Süßkartoffeln	
	Mairübchen, Rote/Gelbe Bete, Ringelbete	
	Knollensellerie, Kohlrabi, Pastinaken, Schwarzwurzel, Steckrübe, Topinambur, Wurzelpetersilie	
	Aubergine, Paprika, Zucchini	
	Mangold, Pak Choi, Rote-Bete-Blätter	
	Frühlingszwiebeln, Lauch, Schalotten, weiße/rote Zwiebeln	
	Eiszapfen, Radieschen, Rettich, Schwarzer Winterrettich	
	Erbsen, grüne Bohnen, Zuckerschoten	
	Chinakohl, Rotkohl, Spitzkohl, Weißkohl, Wirsing, Zuckerhut	
	Bärlauch, Chicorée, Radicchio, Rucola	
	Batavia, Eisbergsalat, Endiviensalat, Kopfsalat	
	Kohlrabiblätter, Radieschenblätter, Spinat	

KATEGORIE	ZUTATEN, DIE SICH GEGENSEITIG ERSETZEN KÖNNEN	ANMERKUNG
Hülsenfrüchte	Ackerbohnen, weiße Bohnen, Kichererbsen, Lupinen, Sojabohnen	
	Kidneybohnen, schwarze Bohnen	
	Berglinsen, Belugalinsen, rote/gelbe/grüne Linsen	rote/gelbe Linsen nicht einweichen
Milchprodukte & Alternativen	Crème fraîche, Schmand, saure Sahne, pflanzliche Alternativen	unterscheiden sich vor allem im Fettgehalt
	Kuhmilch, Haferdrink, Mandeldrink, Sojadrink	
	Sahne, Hafer Cuisine, Mandel Cuisine, Soja Cuisine	
	Frischkäse, Quark mit 20 % Fettgehalt, Ricotta	
	Mascarpone ersetzen durch Crème fraîche, Frischkäse, Quark und Joghurt, Ricotta	Quark und Joghurt im Verhältnis 4:1 mischen
	Grana Padano, Parmesan, Pecorino, Hefeflocken	Pecorino ist aus Schafsmilch; Hefeflocken auf Gerichte streuen
	Butterkäse, Cheddar, Gouda, pflanzlicher Scheibenkäse	
	Emmentaler, Maasdamer, pflanzlicher Scheibenkäse herzhaft	
	Butter, Margarine, Haferbutter, Kokosbutter Butter oder Margarine ersetzen durch Öl	Buttermenge durch 80 % Öl und 20 % Wasser ersetzen
Weitere Kühlprodukte	Tempeh, Tofu, Seitan	
	Räuchertofu ersetzen duch Naturtofu mariniert mit Sojasauce	
	Hackfleisch ersetzen durch Erbsen-, Soja- oder Lupinengranulat	pflanzlichen Hackfleischersatz gibt es im Kühlregal
	Fleisch ersetzen durch Tempeh, Tofu oder Seitan	
	Filetstreifen, Hackfleisch, Nuggets, Schnitzel, Steak, Würstchen, Wurst, etc. gibt es auch als pflanzliche Alternative	
Kochen & Backen	Dinkelmehl (Type 630) Weizenmehl (Type 405/Type 550)	
	Dinkelmehl (Type 1050), Roggenmehl (Type 1150), Weizenmehl (Type 1050)	
	Dinkelvollkornmehl, Roggenvollkornmehl, Weizenvollkornmehl	
	Rohrzucker, Rübenzucker, Dattelzucker, Kokosblütenzucker, Xylit, Erythrit	
	Agavendicksaft, Apfeldicksaft, Honig, Dattelsirup, Reissirup, Zuckerrübensirup	100 g Zucker durch 70 g Sirup ersetzen
	Backpulver ersetzen durch Natron + 1 Schuss Apfelessig oder Zitronensaft	
	Zitronensaft ersetzen durch Limettensaft oder Apfelsaft	
	Guarkernmehl ersetzen durch Johannisbrotkernmehl	doppelte Menge Johannisbrotkernmehl verwenden
	Johannisbrotkernmehl ersetzen durch Speisestärke	doppelte Menge Stärke verwenden
	Vanille ersetzen durch Tonkabohne	
	Kakaopulver ersetzen durch Carobpulver	Carob schmeckt süß-fruchtiger

1 EI ERSETZEN DURCH:	ANMERKUNG
3 EL Apfelmus	für Kuchen, Muffins, Waffeln
½ zerdrückte Banane	intensiver Eigengeschmack, der zum Gebäck passen muss
1 EL Sojamehl mit 2 EL Wasser verrührt	für süße und herzhafte Teige sowie Saucen
1 EL Kichererbsenmehl mit 2 EL Wasser verrührt	Alternative zu Sojamehl, zum Panieren und für veganes Rührei
1 EL Speisestärke und 2 EL Wasser verrührt	Speisestärke bindet und verdickt den Teig von Gebäck, festigt die Masse bei Aufläufen und die Füllung für Quiche
1 EL geschroteter Leinsamen mit 2 EL Wasser verrührt und 5 Minuten gequollen	für Kuchen und Gebäck, bei hellen Teigen Goldleinsaat verwenden
1 EL Grieß mit 3 EL Wasser verrührt	für saftige Süßspeisen und herzhafte Backwaren
1 EL Reismehl und 2 EL Wasser verrührt	Reismehl verhält sich ähnlich wie Stärke, hat aber einen leicht süßlichen Geschmack
Eiweiß ersetzen durch Aquafaba (Abtropfwasser von Kichererbsen)	etwas Stärke oder Johannisbrotkernmehl sorgen für mehr Stabilität

Egal, ob dir die Eier ausgegangen sind oder ob du bewusst darauf verzichten möchtest. Je nach Verwendung gibt es verschiedene Möglichkeiten, Eier zu ersetzen.

Leinsamen sind nicht nur sehr ballaststoffreich, sondern sorgen auch ohne Ei für Bindung in Kuchen und Gebäck. Achte darauf, immer geschrotete Leinsamen zu verwenden, denn diese quellen besser auf.

Tatsächlich benötigen manche Rezepte nicht zwingend Eier. Pfannkuchen beispielsweise funktionieren auch ganz ohne. Das im Mehl enthaltene Gluten allein wirkt bereits als Kleber und hält den Teig zusammen.

BEZUGSQUELLEN UND LITERATUR-EMPFEHLUNGEN

Im Netz

Verbraucherzentrale
www.verbraucherzentrale.de

Bundeszentrum für Ernährung
www.bzfe.de

Bundesinstitut für Risikobewertung
www.bfr.de

Utopia
www.utopia.de

Bundeszentrale für politische Bildung
www.bpb.de

Laenderdaten.info
www.laenderdaten.info/co2-nach-laendern.php

Tafel Deutschland (Mindesthaltbarkeit)
www.tafel.de/mhd

Bücher

Zero Waste Küche von Sophia Hoffmann (ZS Verlag), 2019

Die kleine Hoffmann – Einfach intuitiv kochen lernen von Sophia Hoffmann (ZS Verlag), 2021

Vegan fürs Klima von Natalie Reichelt (GrünerSinn-Verlag), 2022

Die ganze Pflanze von Susann Kreihe (Christian Verlag), 2020

Einfach nachhaltig einkochen von Maria Panzer (EMF Verlag), 2021

Eingemacht & zugedreht (Smarticular Verlag), 2022

Dokumentationen

Europas dreckige Ernte: Das Leid hinter dem Geschäft mit Obst und Gemüse (ARD-Mediathek), 2018

Studien und Umfragen

WWF Deutschland: Klimawandel auf dem Teller, 2012

Thünen Report 71/Lebensmittelabfälle in Deutschland, 2015

WWF Deutschland: Unser täglich Brot, 2018

forsa/RaboDirect Deutschland: Geld für die Tonne, 2019

FAO: Food Wastage Footprint, 2013

EAT-Lancet-Kommission: Planetary Health Diet, 2019

HINWEISE

Backofenhinweis
Die Backzeiten können je nach Herd variieren. Unsere Temperaturangaben beziehen sich, falls nicht anders angegeben, auf das Backen im Elektroherd mit Ober- und Unterhitze. Details entnimm bitte der Bedienungsanleitung deines Backofens.

Gender-Hinweis
Um das Lesen zu erleichtern, haben wir in diesem Buch Begriffe, für die es eine weibliche und eine männliche Schreibweise gibt, nur in einer Form verwendet. Selbstverständlich beziehen wir uns immer auf alle Geschlechter und bitten für diese Verkürzung um Verständnis.

DANK

An meine Eltern, ohne deren Biobauernhof es dieses Buch gar nicht geben würde. Ich bewundere es, dass ihr bereits vor über 25 Jahren entschieden habt, den Hof nach euren Werten zu führen. Danke, dass ihr eure Wertschätzung gegenüber Lebensmitteln an mich weitergegeben habt. Danke Mama, dass du mich bei der Umsetzung der Rezepte unterstützt und bestimmt 50-mal meinen Mixer gereinigt hast.

An meinen Freund Christoph, der mich während des Schreibprozesses bedingungslos unterstützt hat. Danke für deine unzähligen »Klar schaffst du das!« und dafür, dass du immer hinter mir stehst.

An Sophia Hoffmann und Franziska Schmid, dass ihr mir immer wieder versichert habt, dass ich MEIN Buch schreiben werde. Danke Franziska für deine grandiose Unterstützung bei der Konzepterstellung. Ein großes Danke auch für eure stets offenen Ohren.

An meine Fotografin Verena Müller, die viele wunderbare Bilder in diesem Buch gemacht hat.

An meine Ökotruppe Tati, Annie, Franzi, Marisa, Laura und Andrea. Den Austausch mit euch möchte ich nicht mehr missen!

An meine Lektorin Petra, die sofort von meiner Buchidee begeistert war. Danke liebe Petra, dass du mich bei meinem ersten Buch so toll unterstützt hast.

An den BLV Buchverlag, insbesondere an Lisa, Fabian und Mat. Vielen Dank, dass ihr an mein Konzept geglaubt und mir die Möglichkeit gegeben habt, ein Buch daraus zu machen.

An meine fairwerten-Community und natürlich an dich, dass du dieses Buch gekauft hast. Ich freue mich über alle, die Lust haben, ihre Ernährung bewusster und nachhaltiger zu gestalten.

Zum Schluss schaue ich zurück und bin einfach nur allen dankbar, die dieses Buch möglich gemacht haben.

REGISTER

AUTORENPORTRAIT

Verena Hirsch liebt selbst gemachten Hummus und schrumpelige Äpfel. Aufgewachsen auf einem Biobauernhof in Niederbayern bekam sie von klein auf mit, woher Lebensmittel kommen und wie sie wertzuschätzen sind.

Vom Bauernhofalltag wollte sie allerdings nichts wissen und zog zum Jurastudium nach München - später zum Arbeiten nach Hamburg. Nach einigen Jahren in WGs wurde ihr klar: In unserer Gesellschaft fehlt einfach so viel Wissen über einen bewussten Umgang mit Lebensmitteln.

Genau das wollte sie ändern und begann auf ihrem Blog allmydeer.com darüber zu schreiben, wie schrumpelige Möhren wieder knackig werden, wie sich Reste raffiniert verwerten lassen und wie altbackene Brötchen wieder knusprig werden. Mittlerweile hat sie sich als Expertin für nachhaltige Ernährung einen Namen gemacht. Als zertifizierte Ernährungsberaterin schreibt sie Artikel, hält Vorträge und begeistert täglich über 22 Tausend Leser:innen auf ihrem Instagram-Account @allmydeer mit Rezepten, Tipps und Wissen aus ihrer Küche.

Derzeit genießt sie das Stadtleben in Regensburg.

Impressum

BLV ist eine eingetragene Marke der GRÄFE UND UNZER VERLAG GmbH, www.blv.de

ISBN 978-3-96747-123-6

1. Auflage 2023

Projektleitung: Fabian Barthel
Lektorat: Petra Teetz
Bildredaktion: Mat Kovacic, Natascha Klebl (Cover)
Korrektorat: Anne-Sophie Zähringer
Umschlaggestaltung: kral & kral design,
Dießen a. Ammersee
Herstellung: Petra Roth
Layout: kral & kral design, Dießen a. Ammersee
Satz: griesbeckdesign, Dorothee Griesbeck, München
Repro: Medienprinzen GmbH, München
Druck und Bindung: Firmengruppe APPL, aprinta druck,
Wemding

Umwelthinweis:
Nachhaltigkeit ist uns sehr wichtig. Der Rohstoff Papier ist in der Buchproduktion hierfür von entscheidender Bedeutung. Daher ist dieses Buch auf PEFC-zertifiziertem Papier gedruckt. PEFC garantiert, dass ökologische, soziale und ökonomische Aspekte in der Verarbeitungskette unabhängig überwacht werden und lückenlos nachvollziehbar sind.

Bildnachweis

Alle Fotos im Buch stammen von Verena Hirsch mit Ausnahme von:
Verena Müller: U4-1, U4-2, 001, 002-003, 004-1, 004-2, 005-1, 006, 008, 009-1, 009-4, 010, 011, 012, 013, 014, 015-1, 015-2, 015-3, 015-4, 016, 018, 021, 024, 026, 028, 029, 030, 031-1, 031-2, 031-3, 031-4, 032, 033, 035, 037, 039, 042, 044, 046, 047-3, 048, 049, 053, 054, 056, 057-2, 057-3, 057-4, 058, 059, 064, 066, 076, 078, 079, 080-1, 080-2, 080-3, 094, 095, 101-1, 101-2, 101-3, 122, 135, 154, 155, 161, 176, 177-1, 177-2, 177-3, 177-4, 181, 187, 190.

Cover: Verena Müller

Wichtiger Hinweis

Liebe Leserin und lieber Leser,
wir freuen uns, dass Sie sich für ein BLV-Buch entschieden haben. Mit Ihrem Kauf setzen Sie auf die Qualität, Kompetenz und Aktualität unserer Bücher. Dafür sagen wir Danke! Ihre Meinung ist uns wichtig, daher senden Sie uns bitte Ihre Anregungen, Kritik oder Lob zu unseren Büchern. Haben Sie Fragen oder benötigen Sie weiteren Rat zum Thema?
Wir freuen uns auf Ihre Nachricht!

GRÄFE UND UNZER Verlag
Grillparzerstraße 12
81675 München
www.graefe-und-unzer.de

GRÄFE UND UNZER
Ein Unternehmen der
GANSKE VERLAGSGRUPPE